초보
연구자를
위한

논문작성성
규칙

장재성

박영사

차례 📖

여는 말

필자는 2019년 석사과정에 진학한 후 약 5년 만에 석·박사학위를 취득하고 SSCI 및 KCI 등 국내외 전문 학술 저널에 25편의 논문을 게재하였습니다. 또한, 최근에는 대부분의 논문이 1차 심사에서 '게재가' 평가를 받을 정도로 논문작성에 매우 익숙해졌습니다. 하지만 필자 역시 대학원 진학 초기에는 논문작성과 관련하여 여러 가지 시행착오를 겪어야만 했습니다. 되돌아보면, 그 시행착오의 대부분은 지나치게 어려운 논문작성 관련 전문서적의 설명 때문이었던 것 같습니다. 논문의 구성과 틀을 숙지하고, 나름의 논문작성 스타일을 확립한 지금, 과거에 공부했던 책들을 다시 한번 살펴봤습니다. 여전히 가장 먼저 든 생각은 '꼭 이렇게 어렵게 설명을 해야 하는가?'였습니다.

이 책은 이러한 의문에서 시작하였습니다. 따라서 필자가 사용하는 체계적이고 논리적인 논문작성의 핵심 공식을 초보 연구자가 가장 빨리 이해하고 받아들일 수 있도록 최대한 쉽게 설명하고자 주력하였습니다. 동시에 단순히 논문작성 요령을 제시하는 데 그치지 않고, 독자들이 자신의 논문에 책에 제시된 공식을 응용할 수 있도록 공식이 실제 논문에 어떻게 적용되는지 최근 출판된 필자의 논문을 예시로 설명하였습니다.

논문은 결국 내가 발견한 새로운 지식을 세상에 내보내기 위한 학자들 간의 합의된 형식이자 약속입니다. 물론 세부적인 내용은 개개 연구마다 달라질 수 있지만, 전반적인 틀은 거의 모든 연구논문들이 공유하고 있습니다. 따라서 초보 연구자라면 무엇보다 기존에 확립된 연구논문의 틀을 학습하고 익숙해지는 것이 중요합니다. 논문작성 규칙에 대한 이해는 논문작성 역량이 강화됨은 물론이며, 그 사전 작업인 선행연구 학습의 효율성 제고에도 매우 큰 도움이 되기 때문입니다.

이에 덧붙여, 이 책에서는 초보 연구자들이 좀 더 용이하게 연구할 만한 가치가 있는 주제를 발굴할 수 있도록 실제 필자가 활용하고있는 유용한 연구주제 발굴 팁을 제시하였습니다. 유형별로 정리된 연구주제 발굴 요령과 내 연구의 필요성을 차별화시키는 방식은 현실적으로 실현가능한 연구주제를 설정하는 데 많은 도움이 될 것이라 생각합니다.

연구를 마무리 짓지 못하는 이유에는 여러 가지가 있습니다. 너무거창한 주제를 설정했거나, 연구방법이 미숙하거나, 시간이 부족하거나, 적절한 데이터가 없거나 등의 이유로 오늘도 여러 연구들이 좌초되고 있을지 모릅니다. 하지만, 이 책을 제대로 읽은 독자라면 최소한 무엇을 연구해야 할지 몰라서, 혹은 논문을 어떻게 작성해야 하는지 몰라서 학위 취득이나 논문 출판을 포기하는 일은 없을 것입니다. 아무쪼록 이 책이 아직 나아가야 할 방향을 잡지 못하고 있는 초보 연구자들에게 미약하나마 등대의 역할을 할 수 있기를 고대해 봅니다.

제1장

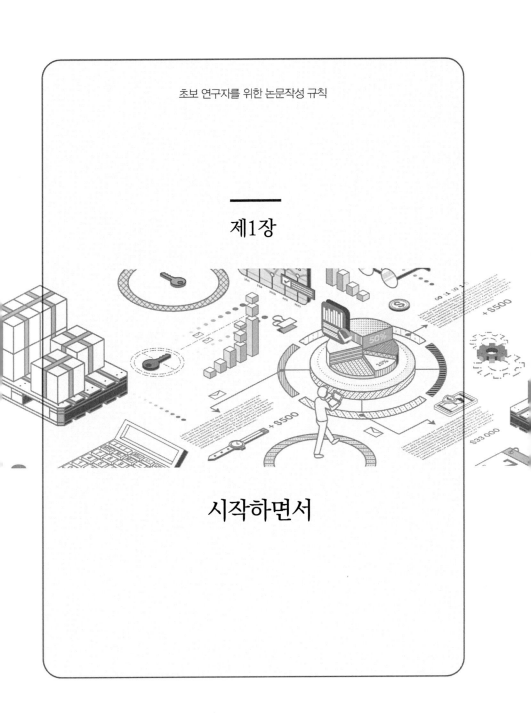

시작하면서

제1장

시작하면서

이 글을 보는 대부분의 사람들은 대학원 과정에 진학했거나 진학할 사람일 겁니다(그렇지 않다면 논문에 관심을 가질 이유가 없지 않을까요?). 여러분, 혹시 학부와 대학원 과정에는 어떤 차이가 있을지 생각해 보셨나요? 저는 그 차이를 이렇게 설명하고 싶네요. 학부가 (다른 사람이 연구해 놓은) 학문을 공부하는 곳이라면, 대학원은 (스스로) 학문을 연구하는 방법을 배우는 곳이라고요. 좀 더 세분화해서 석사과정이 연구하는 방법을 배우고 연습해 보는 과정이라면, 박사과정은 스스로 전공분야의 새로운 지식을 창출해 내는 여정이며, 그 여정을 성공적으로 마무리하여 새로운 지식을 세상에 내놓은 사람이 받는 자격인증이 박사학위라고 할 수 있겠습니다.

논문을 작성하는 목적은 사람마다 다양할 겁니다. 학위를 받기 위해 하는 사람(아마 가장 큰 이유가 아닐까 합니다), 직업상 논문 발표 실적이 필요한 사람(소위 실적용, 생존형 논문), 혹은 내가 발견한 지식이나 나의 의견을 세상에 알리고 싶은 사람도 있을 수 있습니다. 어떤 이유에서 논문작성에 관심을 가지게 되었건, 결국 '논문은 내가 연구한 결과를 세상에 공표하고 인정받기 위해서 쓰는 글'이라고 할 수 있습니다.

이처럼 논문의 작성은 학위 취득과 연구에 있어서 매우 필수적이기 때문에 거의 모든 학생들이 대학원에 진학하면 논문에 관심을 가지고 배우게 됩니다. 필자 역시 석사 첫 학기부터 연구방법과 논문의 작성에 대해 배우기 시작했는데, 그때 느꼈던 충격과 공포는 아직 잊을 수가 없습니다. 분명히 교재도 한국어, 교수님도 한국인이신데, 하시는 말씀은 외국어를 넘어 외계어 같았습니다. 그때의 혼란스러운 감정은 최소 학창시절 처음 『수학의 정석』 책을 접했을 때 이상이었습니다. 박사학위를 취득하고 SSCI 저널을 비롯, 여러 국내 저널에 논문을 게재하면서 연구와 논문작성 요령을 체득하였다고 어느 정도 자신하게 된 지금, 그때 공부했던 교재와 내용을 되돌아보았는데, 여전히 당혹스러움을 금할 수가 없습니다. 한 챕터 한 챕터를 읽을 때마다 '이 쉬운 것을 왜 이렇게 어렵게 설명을 하고 있는가?' '좀 더 이해하기 쉽게 설명할 수 있는 방법은 없는가?'라는 의문이 끊이지 않더군요.

이 책은 이러한 의문에서 출발했습니다. 초보 연구자들이 학위논문이라는 벽을 넘지 못해 학위과정을 포기하거나, 혹은 야심차게 생애 최초로 전문 학술지에 논문을 제출했다가 심사자들에게 '게재불가' 3연타를 맞고 좌절하는 모습들을 지켜보면서, 아직 학술적인 용어나 표현에 익숙하지 않은 사람이라 하더라도, 쉽게 논문의 체계와 작성방법을 이해하는 데 도움이 되는 책을 써보고 싶었습니다.

SCI? SSCI? KCI? 등재지? 학술지의 종류

연구자들이 연구결과를 발표하는 전문 잡지를 학술지라고 하는데, SCI, SSCI, KCI는 여러 학술지들을 일정한 기준에 따라 평가하고 분류하는 기준입니다.

1. SCI, SSCI

SCI(Science Citation Index), SSCI(Social Science Citation Index)는 주로 해외 학술지를 분류하는 기준으로 SCI는 주로 자연과학, SSCI는 사회과학과 관련된 학술지가 해당됩니다. 국제 저널 중에서도 가장 권위 있는 학술지들이 포함되는 분류라고 이해하시면 됩니다.

2. 등재지(KCI, Korea Citation Index)

한국 연구재단에서 국내 학술지를 평가하여 일정 기준을 충족한 학술지들을 선정한 기준입니다. 등재지 기준을 충족하지 못한 학술지들은 등재후보지 또는 일반 학술지 등으로 분류됩니다.

논문작성 요령을 다룬 여러 가지 책들이 이미 시중에 나와 있지만, 이러한 책 중 다수가 ① 연구방법론이나 통계기법을 다루거나, ② 논문작성과 관련된 일반 정보를 나열하거나(인용하는 방법, 논문 검색하는 방법, 참고문헌 쓰는 법), ③ 일반적인 글쓰기의 전략(논리적으로 글쓰는 방법)을 설명하고 있는 경우가 대부분이었습니다. 물론 위에서 다루는 내용들이 모두 논문작성에 도움이 되는 것은 맞지만, 이보다 훨씬 더 중요한 것은 '위의 정보들을 조합해서 실제적으로 논문을 어떻게 구성하고, 각 단계에서 어떤 내용들을 어떤 순서로 어떻게 기술할 것인가' 입니다. 이 책은 철저하게 초보연구자의 입장에서 논문을 어떻게 구성하고 작성할 것인가를 중심으로 구성되었습니다. 그 외 연구방법론적 용어나 통계기법 등에 대해서는 본격적으로 다루기보다는 본문 내용 이해에 도움이 되도록 하는 수준에서 참고로 설명하고자 합니다.

논문이란 기본적으로 특정한 목적을 가진 공식적 글쓰기입니다. 따라서, 일정한 틀을 가지고 있으며, 이 틀은 오랜 시간 여러 학자들에 의해 다듬어지면서 정형화되어왔고, 현재에 이르러서는 거의 완성된 상태라 해도 과언이 아닙니다. 그렇기 때문에 이제 막 연구를 시작하는 초보 연구자들은 완성된 틀과 구조를 잘 학습해서 가급적 이 틀 내에서 자신이 연구한 내용을 펼쳐내는 것이 유리합니다. 만약, 초보 연구자가 기존의 논문 구성과 전혀 다른 새로운 방식으로 구성한 논문을 발표한다면 어떻게 될까요? 이미 일반적 방식에 익숙해진 심사위원을 설득할 수 있을까요? "와, 이것 정말 혁신적이군, 앞으로 모든 학자들이 이러한 방식으로 논문을 구성하도록 널리 알려야겠어!"라고 심사위원들이 감탄할 것 같나요, 아니면, "뭐지? 이 듣도 보도 못한 방식의 논문은? 기본이 안 됐구만. 좀 더 공부를 해야겠어"라는 평가를 받을 것 같나요? 대부분이 후자에 해당될 것입니다.

그렇다면 논문의 기본적 틀이란 무엇일까요? 물론 이것은 연구분야, 주제, 연구방법에 따라서 여러 가지로 분류할 수 있지만, 이 책에서는 사회과학 분야에서 가장 널리 사용하는 방법인 양적 논문을 중심으로 설명하고자 합니다.

연구방법에 따른 연구의 종류

1. 양적 연구(계량 연구)

일반적으로 데이터와 통계분석 방법을 사용하는 연구를 말합니다. 이론을 중심으로 가설을 세우고, 이를 검증하기 위한 데이터를 수집, 분석하여 가설의 참, 거짓을 판단하고 이에 대한 해석을 덧붙이는 형식으로 전개됩니다. 사회과학에서는 주로 변수 간의 관계에 대한 양적 연구가 주를 이루며, 'A가 B에 미치는 영향에 관한 연구'와 같은 제목으로 표현됩니다.

2. 질적 연구

수치화되지 않는 방법을 활용하는 연구를 말합니다. 객관적 자료가 아닌 심층 인터뷰 자료, 소수의 실제 사례와 같은 텍스트로 이루어진 자료나 관찰을 통해 수집한 자료를 주관적으로 분석하는 연구방법입니다. 또는, 특별한 연구방법 없이 자신의 주장이나 의견을 서술적으로 전개하기도 합니다. 주로 활용되는 제목에는 '○○○에 대한 질적 연구', '○○○에 관한 실태와 개선 방안' 등이 있습니다.

사회과학 분야의 양적 논문은 대부분 ① 서론 ② 이론적 배경(선행연구 분석) ③ 연구설계(또는 연구방법) ④ 분석결과 ⑤ 논의 및 결론의 5단 구성을 가지고 있습니다. 물론 반드시 이 5단 구성으로 논문을 작성해야 하는 것은 아니지만, 여러분의 논문을 심사할 교수님들 대부분이 5단 구성에 매우 익숙한 상태라는 점을 잊어서는 안 됩니다. 만약, 이에 따르지 않은 논문을 보게 되면, 대다수의 교수님들은 '뭐지? 왜 이렇게 썼지?'라는 생각을 가장 먼저 떠올리실 가능성이 거의 100%입니다. 또, 글 읽기에 익숙한 학자들은 시간을 아끼기 위해 자기도 모르게 '정독'보다는 '통독 + 발췌독'을 선호하게 됩니다(필자 역시 주로 발췌독을 하는 편입니다). 즉, 일단 전체 구조를 한 번 죽 훑어보면서 개략적 내용을 파악하고, 본인이 궁금하거나 필요한 구체적 내용이 있으면 그 부분만 따로 찾아보는 거죠. 예를 들어, 논문을 읽다가 이 연구를 하게 된 이유가 궁금하다면? 논문 전체를 읽기보다는 주로 연구의 필요성과 차별성이 제시되는 서론 파트를 먼저 찾아보고, 서론에 해당 내용이 잘 기술되어 있으면, 심사자는 '글이 체계적으로 작성되었다'는 인상을 받게 됩니다. 반대로, 연구의 이유가 논문에 기술되어 있긴 하지만, 서론이 아닌 다른 부분에 기술되어 있어서, 심사자가 논문 전체를 꼼꼼히 정독을 해야만 파악할 수 있다? 그럼, 대다수의 심사자들이 논문 구성의 체계성과, 전개의 논리성이 부족하다는 인상을 받습니다. 이것이 초보 연구자들이 논문을 작성하기에 앞서 논문의 기본적 구조와 각 파트별로 세부적으로 기술할 내용들을 철저히 학습해야 하는 이유입니다. 이 책에서는 여러분들이 전형적인 논문의 구조와 전개 방식을 쉽게 이해하고, 이에 익숙해지도록 돕고자 합니다. 초보연구자도 이 책에서 제시하는 방식에 따라 쉽게 자신의 논문을 구성하고 작성할 수 있도록 하는 것이 이 책의 목표입니다.

특히, 이 책에서는 추상적인 요령이나 원칙만 설명하는 것이 아니라, 초보 연구자가 쉽게 따라 할 수 있도록 실제 논문의 목차를 구성하는 방법, 그리고 각 목차를 구성하는 세부적인 요소들과 이들을 논리적으로 배치하는 방법에 대한 구체적인 가이드라인을 제시하고자 합니다. 또한 실제 출판된 필자의 논문을 사례로 활용하여 각 요소들을 어떻게 써야 하는지에 대해서 초보 연구자들도 이해하기 쉽게 설명하고자 합니다. 또한, 이에 덧붙여 초보 연구자들이 연구에서 가장 어려워하는 부분인 연구의 필요성이 인정되는 창의적 연구주제를 발굴하는 방법에 대해서도 소개하려 합니다.

물론, 이 책에서 소개하는 방식이 무조건 정답인 것은 아니며, 이 방식대로 해야만 논문이 통과되는 것도 아닙니다. 다만, 필자의 경우 이 책에서 말하는 원칙들을 확립하고, 이에 따라서 논문을 구성·작성하기 시작한 이후에 심사과정에서 논문의 구성과 논리 전개 방식에 대한 지적은 한 번도 받지 않았습니다. 오히려, 대부분의 심사자들로부터 논문의 체계와 논리 전개 방식에 대해 호평을 받았습니다. 아래는 실제 필자가 익명의 심사위원에게 받았던 논문 심사평들입니다.

"본 연구는 그 연구방법이 적절하며, 논리적 체계성 또한 우수한 것으로 보인다."
"연구질문이나 설계에 대해서 기술적으로 필요한 내용이 충분히 포함되었다."
"전반적으로 연구수행이 양호하며 논문의 완성도 또한 높은 것으로 평가된다."
"논문의 구성과 논리적 전개가 우수하며, 작성에 있어 학회 규정을 충실하게 준수하였다."
"전반적으로 연구 논문의 틀에 맞게 잘 기술되었다."
"선행연구에 대한 검토가 충분하며, 초록도 양식적, 질적으로 우수하다."
"연구방법론적 측면에서 별다른 문제를 찾기 어려우며, 논문의 전개 역시 논리적으로 충실하게 이루어졌다."

　따라서, 논문의 구성과 기술에 있어서 어려움을 겪거나, 정성껏 작성한 논문이 논리적 체계가 부족하다는 지적을 받아본 경험이 있는 연구자라면 이 책에서 소개하는 논문작성 규칙과 예시들이 큰 도움이 될 것이라고 확신합니다.

제2장

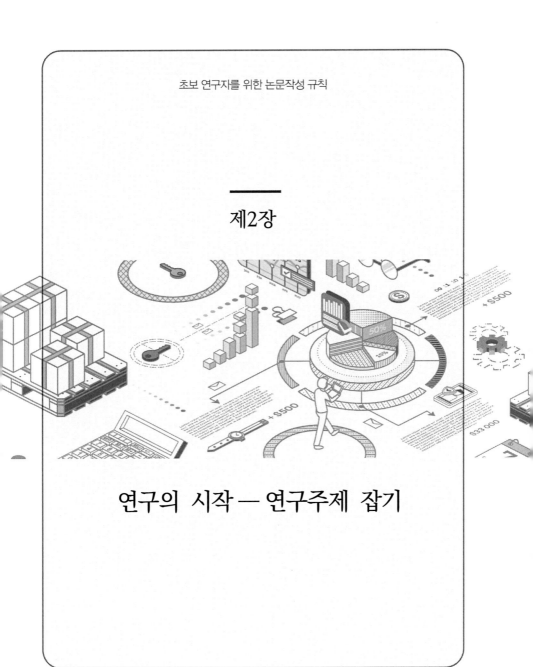

연구의 시작 — 연구주제 잡기

제2장

연구의 시작 — 연구주제 잡기

1. 연구주제의 중요성

본격적으로 논문을 어떻게 쓰는가에 대해서 알아보기에 앞서, 무엇을 써야 하는가? 즉, 연구주제를 어떻게 설정할 것인지에 대해 말하고자 합니다.

필자가 처음 대학원에 들어갔을 때, 교수님께 이런 질문을 받은 적이 있습니다.

"여러분은 논문을 쓰는 과정에서 가장 중요하고, 가장 어려운 과정이 무엇이라고 생각합니까?"

어떤 학생은 연구방법론이 가장 중요하다고 했고, 일부 학생은 데이터 수집이 가장 어렵다고 하기도 했습니다. 그런데 교수님께서는 단호하게 이렇게 말씀하시더군요.

"가장 중요하면서도 어려운 과정은 연구주제를 설정하는 것입니다. 연구주제
설정이 전체 연구 과정의 50% 이상을 차지합니다."

당시에는 아무리 시작이 반이라지만, 교수님께서 너무 오버하신다고
생각했습니다. 하지만, 박사과정을 마친 지금은 생각이 조금 바뀌었습
니다. '연구주제의 설정이 전체 연구의 80% 이상이며, 연구의 성패는
최초의 주제 선정에 달려있다'라고요.

좀 과장된 것 같나요? 연구를 '새로운 사실을 발견하여 다른 사람이
이해할 수 있도록 공표하는 행위'라고 정의하였을 때, 결국 연구는 ①
어떤 새로운 사실을 연구할 것인지 결정(주제 결정) ② 연구주제를 어
떻게 검증할지 결정(연구방법 선정과 데이터 수집) ③ 검증을 위한 통계
분석 결과를 토대로 연구자의 주장을 전개(분석결과 제시와 논의)하는 단
계로 진행이 됩니다. 필자는 아래와 같은 이유로 연구주제의 선정이 가
장 중요한 과정이라고 생각합니다. 첫째, 주제 선정은 연구자의 창의성
이 가장 크게 발휘되는 영역입니다. 연구방법론이나 통계분석은 대부
분 연구자들이 여러 학자들로부터 공인받은 방법을 사용하고, 그에 대
한 해석과 논리의 전개 역시 이 책에서 설명하는 것처럼 어느 정도 정
형화된 방식이 있습니다. 하지만, 연구주제의 선정 같은 경우 정해진

것이 아무것도 없습니다. 둘째, 연구방법과 해석은 결국 연구주제에 따라 달라지게 됩니다. 연구의 방법은 결국 내가 주장하고자 하는 연구주제를 가장 타당하고 쉽게 검증할 수 있는 방법을 선택해야 하고, 해석은 도출된 연구결과를 기초로 하기 때문입니다. 셋째, 독창적이고 매력적인 연구주제는 논문 심사과정을 쉽게 통과할 가능성이 매우 큽니다. 심사위원들이 이 연구의 주제가 창의적이면서도 현실 적용성, 파급력이 큰 주제라고 생각한다면, 연구방법론이나 해석 부분에 다소 미진한 부분이 있어도, 심사과정에서 여러 방향에서 보완할 방법을 제시하면서 수정을 독려합니다. 반대로 연구의 방법이나 논문 기술에 있어 아주 완벽하더라도, '그래서 이 연구 주제의 필요성이 무엇이냐? 기존 연구와 차별점이 뭐지?'라는 지적에 적절히 답변하지 못한다면 오랜 공을 들인 논문이 한 번에 엎어지기도 합니다. 결국, 어떤 주제를 선정하는지가 연구의 성패를 결정한다고 해도 과언이 아니죠.

그렇다면, 성공적인 연구수행을 위해서 어떤 연구주제를 선정해야 할까요? 여기에 대해 이야기하기에 앞서 먼저 여러 초보 연구자들이 연구주제 선정에 실패하는 이유에 대해 알아보겠습니다.

2. 논문이 실패하는 대표적 이유: 연구주제를 잘 못 잡아서

필자는 대학원에서 와서 연구주제 선정 단계에서 고민만 반복하다 결국 논문 한 편 쓰지 못하고, 학위도 받지 못한 사람들을 많이 봤고

이 사람들에게서 몇 가지 특징을 발견했습니다.

첫 번째는 가장 흔한 유형으로 연구주제의 중요성과 필요성을 구분하지 못하는 유형입니다. 여러 번 말했듯, 연구란 새로운 지식을 발견하는 행위입니다. 따라서, 연구의 가치가 인정받기 위해서는 기존에 밝혀지지 않은 새로운 지식에 관한 것이어야 합니다. 물론 그 새로운 사실이 중요하기까지 하다면 더욱 좋겠지만, 상대적으로 덜 중요하더라도 새로운 지식이라면 연구의 가치는 있습니다. 하지만, 반대로 아무리 중요하더라도 기존에 이미 밝혀진 사실이라면 그것은 연구로서의 가치가 없습니다. 예를 들어볼까요. 피타고라스의 정리가 매우 중요한 발견이라는 사실을 부정하는 사람은 없을 겁니다. 그렇다면 여러분이 피타고라스의 정리를 검증하는 연구를 해서 학위를 받고자 한다면 그 논문은 통과될 수 있을까요? 아마 어떤 교수님도 그러한 논문에 학위를 주시지는 않을 것 같네요. 피타고라스 정리는 이미 널리 검증된 공식이기 때문에 이를 재검증하는 것은 학술적으로 아무런 의미가 없습니다. 하지만, 여러분이 피타고라스 정리가 적용되지 않는 어떤 직각 삼각형, 즉 예외를 하나 발견해서 이것을 논문으로 발표한다면 어떨까요? 아마 전 세계 학계가 난리가 날 겁니다. 이것이 중요성과 필요성의 차이이고 그 핵심은 바로 새로운 것(Something New)입니다. 따라서 연구를 하고자 하는 사람은 어떤 문제가 중요한가를 고민하기보다는 어떤 주제가 새로운가를 고민해야 합니다. 새로운가 새롭지 않은가를 판단하기 위해서는 가장 먼저 무엇을 해야 할까요? 그렇습니다. 기존의 연구결과들을 충실히 학습해야 합니다. 내가 생각하고 있는 주제와 관련해서 주로 어떤 방향으로 연구가 진행되어 왔고, 최근에 어떤 연구들이 발표되고 있는지 정리가 먼저 되어야 기존에 연구되지 않은 주제들을 발굴할 수 있습니다. 하지만, 안타깝게도 오늘도 많은 대학원생들이 이것을 간과하고, 본인이 중요하다고 생각하는 주제에 대해서 머릿속으로 고민만 하거나 실무 분야에서 쌓았던 경험을 토대로 '이걸 어떻게 논문으로 만들어볼까'라는 고민을 하고 있습니다. 안타깝지만 이러한 유형의 초보 연구자들은 대부분 실패를 경험하게 됩니다. 왜냐하면 사람의 문제의식이나 생각은 의외로 보편적이기 때문입니다. 사실, 내가 지금 하고 있는 고민은 선행 연구자가 이미 해보았을 가능성이 큽니다. 성공하는 논문을 쓰기 위해서는 내가 생각하는 주제에 대한 선행연구들을 철저히 공부하여 연구경향을 파악하고, 아직까지 연구되지 않은 틈새 주제(?)를 발견하여 공략해야 합니다.

두 번째, 꿈이 지나치게 큰 유형입니다. 소위, 논문으로 나라 구하려는(?) 사람이죠. 큰 뜻을 품고 대학원에서 와서 역사에 길이 남을(?) 논문으로 써서 학위를 취득하고자 하는 욕망이 넘쳐 흐르는 유형입니다. 이러한 유형의 사람들 역시 선행연구를 무시하고 싫어합니다. 선행연구가 있다는 것은 이미 연구가 이루졌다는 것인데, '나는 남들이 걷는 평범한 길은 거부하겠다(?)'는 거죠. 본인이 개념도 창시하고, 그 개념

을 측정하는 방법도 창조하고, 결과에 대한 장대한 해석을 통해 학계에
새로운 패러다임을 제시하겠다고 합니다. 당연한 이야기이지만 이러한
거국적인 시도 역시 대부분 실패로 끝납니다. 새로운 학술적 개념이나
연구방법은 내가 주장한다고 인정되는 것이 아닙니다. 하나의 새로운
개념을 제시하려면, 기존에 존재하는 여러 가지 유사 개념들이 제시되
고 발전해 온 과정들을 논문에 모두 기술하고, 본인이 제시한 새 개념
이 기존의 개념과 어떻게 구분되는지, 또 이 개념을 새롭게 설정하는
것이 학술적으로, 또는 실용적으로 어떤 이익이 있는지에 대해 논증해
야 합니다. 그리고 가장 중요한 것은 심사자들이 이러한 연구자의 주장
이 학술적으로 타당하다고 인정해 주어야 합니다. 당연한 이야기지만,
이것은 이제 막 학위를 취득하기 위해 공부하는 초보 연구자에게는 너
무나 힘든 작업입니다. 필자 역시 박사과정의 끝 무렵에서야 굉장히 조
심스럽게 기존 개념을 약간 변형(집단적 개념을 개인 수준에서의 개념
으로 변형)하여 제시하고 이를 측정하기 위한 설문도구를 제안하는 연
구를 진행했습니다. 아예 새로운 개념을 창조한 것도 아니고 기존의 개
념을 다소 새로운 시각에서 제안한 정도임에도 불구하고 지도교수님과
논문작성 과정에서 과연 이 개념의 타당성을 입증할 수 있을지에 대해
정말 많은 면담(?)을 거쳐야 했습니다. 또 충실한 이론적 논의에 기반
하여 설문도구를 만들었지만, 이 도구가 과연 학술적으로 인정받을 수
있는 수준의 타당도와 신뢰도를 보여줄 수 있을지는 저 역시 알 수 없

었기에, 데이터 수집이 완료되고 통계결과가 나올 때까지 정말 많은 날들을 불안과 걱정으로 보내야 했습니다. 따라서, 초보 연구자들에게는 선행연구에서 충실히 검토된 이론과 개념을 바탕으로 약간의 새로움이 가미된 지식을 발견하는 연구를 추천합니다. 이렇게 안정적인 연구주제를 발굴하려면 어떻게 해야 할까요? 결국, 핵심은 선행연구에 대한 철저한 학습입니다.

선행연구 검색하기

1. 국내 논문

대부분의 국내 논문은 한술연구정보서비스(https://www.riss.kr)에서 검색이 가능합니다. 특히, RISS에서는 석·박사학위 논문도 제공하고 있으며, 저작자가 비공개 신청한 일부를 제외한 대부분 논문이 공개되어 있어 초보 연구자에게 매우 유용합니다. 학위논문 외에 대부분의 학술논문 역시 검색되기 때문에, 필자의 경우에도 대부분 RISS를 사용합니다. RISS외 사용하는 논문 검색서비스로 한국학술정보(KISS, https://kiss.kstudy.com), Dbpia(http://dbpia.co.kr) 등이 있습니다.

2. 해외 논문

일반적으로 SSCI를 비롯한 해외 연구들은 Google Scholar로 검색합니다. Google Scholar에 원문 pdf가 등록된 논문들도 있지만, 원문 확인을 위해서는 해당 논문이 게재된 학술지의 구독이 필요한 경우도 있습니다. 대부분 대학원의 경우 주요 학술지를 구독하고 있기 때문에, 이런 경우 소속 대학원의 도서관 홈페이지를 활용하여 원문을 확보할 수 있습니다.

학위논문? 학술논문?

1. 학위논문

석사 또는 박사학위를 받기 위해 작성한 논문으로 주로 지도교수님이 구성한 심사위원회(석사는 3명, 박사는 5명)에서 심사를 받고, 통과할 경우 학위를 수여받습니다. 정해진 분량은 없지만 일반적으로 학술논문에 비해 분량이 많은 편입니다(통상 석사는 50페이지 이상, 박사는 100페이지 이상).

2. 학술논문

학술지 논문, 소논문 등으로 부르기도 합니다. 학위와 무관하게 전문 학술지에 등재를 목적으로 작성한 논문으로, 학회에서 선정한 익명의 심사위원(통상 3명)으로부터 심사를 받아 통과할 경우 해당 학술지에 게재됩니다. 일부 대학원의 경우 학위논문작성 전 의무적으로 일정 편수 이상의 학술논문 등재를 요구하기도 합니다. 분량은 학문 분야, 학술지마다 다르지만 사회과학의 경우 통상 20페이지 내외인 경우가 많습니다.

3. 선행연구 학습의 중요성

앞서 말씀드린 두 가지 논문 실패 유형의 공통점은 바로 선행 연구의 중요성을 무시했다는 점입니다. 여러분들이 연구주제를 상담하기 위해 떨리는 마음으로 지도교수님을 방문했을 때, 대부분 가장 먼저 듣게 되는 말이 "그대, 선행연구는 충실히 검토하였는가?"입니다. 그만큼 연구자에게 선행연구의 철저한 학습과 이해가 중요하다는 의미입니다. 논문이 다른 글쓰기와 가장 다른 점은 바로 사실(선행연구)에 기반한 글쓰기라는 점입니다. 리포트, 에세이, 소설은 나의 의견과 생각, 상상을 기반으로 내용을 전개할 수 있지만, 논문은 철저히 선행연구에 기초하여 작성되어야 합니다. 이미 밝혀진 사실을 인용해서 나의 연구가 새로운 연구임을 주장하여야 하고, 내가 활용하고자 하는 연구방법이 기존에 타당성을 입증받은 공인된 방법임을 선행연구의 인용을 통해 증명하여야 합니다. 분석결과가 도출된 뒤에는 나의 연구에서 밝혀진 사실이 학술적 또는 실무적으로 어떤 파급력과 영향력을 가지는지를 선행연구와 비교하여 논리적으로 주장하여야 과학적 논문으로 인정받을 수 있습니다. 선행연구를 제시하고 분석하는 과정 없이 연구자의 뇌피셜로 '이것이 내가 새로운 창시한 연구다'라고 주장해 봐야 게재불가(또는 학위논문 심사 불합격) 판정만 우수수 받게 될 겁니다. 더 슬픈 것은, 대부분의 초보 연구자가 왜 자신의 논문이 엎어졌는지 이해하지 못하고, 세상이 나를 몰라준다고 한탄한다는 것입니다. 정말 안타깝기 그지 없습니다. 따라서 초보 연구자들은 철저하게 선행연구에 기초하여 연구주제를 발굴하고 설정하는 것이 바람직하다고 생각합니다. '대학원에 오긴 했는데, 뭘 연구해서 학위를 받지?'라고 생각하고 있다면 고민하지 마시고, 일단 관심 있는 분야의 선행연구부터 읽기 시작하세요.

4. 연구주제 발굴하는 방법

(1) 연구논문의 구성요소

자, 이제 선행연구의 학습을 통해 연구주제를 탐색할 준비가 되셨나요? 그러면 선행연구를 읽을 때 어디에 주안점을 두어야 효과적인 주제 발굴이 가능할지에 대해 설명드리겠습니다.

연구주제를 가지고 지도 교수님과 상담할 때 가장 많이 듣는 이야기가 선행연구에 관한 이야기라면, 두 번째로 많이 듣는 이야기는 바로 이것입니다. "학생, 이 주제가 학위논문(또는 학술논문)으로서 연구의 필요성(차별성)을 가진다고 생각하나요?" 교수님의 이 질문에 적절히 대답하지 못해 오늘도 연구주제를 결정하지 못하고 쓸쓸히 교수님 연구실을 나서는 대학원생이 부지기수입니다. 그럼 도대체 어떤 연구주제가 연구의 필요성 내지 차별성을 가지는 것일까요?

앞서 이야기했듯, 결국 연구의 필요성이란 지금껏 논의되지 않은 새로운 지식, 즉 새로운 것(Something New!)을 의미합니다. 그렇다면 어떤 연구주제가 New 한 것일까요? 연구를 구성하는 모든 것이 새로울 필요는 없습니다(앞서 살펴보았듯, 모든 면에서 새로운 엄청난 연구를 추구한다면 역량 부족으로 대부분 실패합니다). 연구를 구성하는 여러 가지 요소 중 한 가지라도 새로운 점이 있다면 충분히 연구로서의 가치가 있습니다. 이것을 이해하기 위해 우선 양적 연구가 어떤 요소들로 구성되는지부터 알아봅니다.

양적 연구를 구성하는 요소들에 대해서는 학자들마다 다양한 의견이 있겠지만, 여기서는 필자가 생각하는 요소들을 중심으로 설명하겠습니다.

첫째, 변수입니다. 변인이라고 하기도 합니다. 사회과학에서 대부분의 양적 논문이 변수 간의 관계를 그 연구대상으로 하고 있기 때문에 변수는 매우 중요한 구성 요소입니다. 변수는 상수의 반대말로 가변적 상황에 그 값이 변화하는 요인을 의미합니다. 예를 들어, 마케팅 기법이 기업 매출 증대에 미치는 영향에 대해서 연구하려고 한다고 가정하겠습니다. 마케팅 기법과 전략을 어떻게 설정하는가에 따라, 기업 매출이 변화하게 되므로 마케팅 기법도 변수이며, 기업 매출 또한 변수입니다. 조금 더 세분화하면 마케팅 기법은 독립변수이며, 기업 매출은 종속변수입니다. 독립변수와 종속변수의 개념은 양적연구를 공부하고 작성하기 위한 필수적 개념이기 때문에 반드시 이해하고 있어야 합니다.

독립변수와 종속변수

1. 독립변수

변수 간의 관계를 설정함에 있어서 독립적으로 변화하는 값이라 독립변수라고 부릅니다. 즉, 다른 변수에 의해 영향을 받는 변수가 아니라, 다른 변수에 영향을 미치는 변수라고 이해하면 됩니다. 연구의 목적이 되는 변수(종속변수)의 원인이자, 조건이라고 생각하면 됩니다.

2. 종속변수

　독립변수에 의해 영향을 받는 변수이자, 연구의 목적이 되는 변수입니다. 이 변수에 영향을 미치는 요인들을 알아내, 이 변수를 의도대로 향상시키거나 감소시키기 위해서 연구를 한다고 해도 과언이 아닙니다. 예를 들어, 부모의 관심도가 아이의 학업 성적에 어떤 영향을 미치는지 연구한다고 할 때, 부모의 관심도는 독립변수가 되며, 아이의 성적은 종속변수가 됩니다. 결국, 이 연구의 목적은 아이의 성적을 향상시키기 위해 부모의 관심을 어느 정도로 조절할 것인가를 탐색하는 것이라고 할 수 있습니다.

　둘째, 이론입니다. 이론이 무엇인가에 대해서는 매우 다양한 의견들이 있지만, 초보 연구자의 입장에서 간단히 설명하자면, 이론이란 어떤 현상을 설명하기 위한 설명이나 모형 중 실증적으로 검증할 수 있는 것들을 의미한다고 할 수 있습니다. 사회과학의 양적 연구에 있어서 이론은 매우 중요합니다. 인간은 자연에 비해 매우 복잡하고 여러 가지 변수들이 복합적으로 얽혀 있을 뿐만 아니라(예를 들어, 관리자의 리더십이 훌륭한 경우 구성원들의 직무성과가 향상된다고 볼 수도 있지만, 반대로 작년에 성과가 훌륭하였기 때문에 관리자의 리더십에 대해 긍정적으로 평가한 것이라고 볼 수도 있습니다), 자연처럼 정제된 실험의 대상이 될 수 없기 때문에(타인과의 접촉이 고독감에 미치는 영향을 연구하겠다고 사람을 10년간 독방에 수감할 수는 없겠죠?) 이론적인 고찰 없이 통계적 결과만 가지고 연구결과를 도출하는 것은 매우 위험한 결과를 야기할 수 있습니다.

변수 간의 관계를 설정하고 연구하기 앞서 이에 관한 이론을 공부하고, 이론적 토대를 통해 변수 간 관계를 예측하고 검증했을 때 연구가 설득력과 학술적 가치를 가지게 됩니다.

셋째, 변수 간의 관계, 즉 가설입니다. 대부분의 양적연구는 제목부터가 변수 간의 관계에 대한 설명으로 설정됩니다(예: 성 차별적 인식이 성희롱 발생에 미치는 영향, 음주문화와 음주운전 행동의 관계에 관한 연구). 따라서, 변수 간의 관계를 어떻게 설정하고, 양자의 관계를 어느 방향(+는 독립변수가 증가하면 종속변수도 증가할 것으로 예상, -는 독립변수가 증가하면 종속변수는 감소하거나 독립변수가 감소하면 종속변수가 증가할 것으로 예상)으로 설정하는가 역시 양적 연구의 핵심 요소입니다.

가설이란?

가설은 연구문제에 대한 예측적인 가정으로, 주로 두 개 혹은 그 이상의 변수들의 관계에 대한 가정적인 문장으로 제시됩니다. 여러분이 양적 논문에서 흔히 발견할 수 있는 아래와 같은 문장들이 바로 가설에 해당됩니다.

"리더십은 조직의 성과에 긍정적 영향을 미칠 것이다."
"소속감은 구성원의 자아존중감을 유의미하게 향상시킬 것이다."
"직무만족감은 구성원의 이직 의도와 부적 연관이 있을 것이다."

넷째, 연구방법입니다. 설정된 가설을 실증적으로 검증하기 위해서는 연구목적과 사용되는 데이터에 적합한 연구방법을 사용할 필요가 있습니다. 따라서, 연구방법 역시 연구를 구성하는 중요 요소입니다. 워낙에 다양한 통계분석 방법이 있고, 이에 대해 이해하기 위해서는 방대한 학습이 필요하기 때문에 이 책에서는 세부적으로 다루지 않겠습니다.

다섯째, 연구의 대상, 즉 표본입니다. 현실적으로 연구대상 전체에 관한 모든 데이터를 수집하는 것을 불가능합니다. 따라서, 연구자들이 연구목적에 따라 현실적으로 구할 수 있는 정도의 데이터를 분석하는 것이 일반적입니다. 그렇기 때문에 연구의 대상을 어떻게 설정할 것인가 역시 매우 중요한 문제입니다. 예를 들어, 조직 구성원의 행동이 조직에 어떤 영향을 미치는지에 대해서 연구해 보려고 할 때, 연구대상 조직을 기업으로 설정할 수도 있고, 정부 행정조직으로 설정할 수도 있으며, 정부조직 중에서도 학교, 소방과 같이 특정한 조직을 설정할 수도 있습니다. 특정 조직을 설정한 경우에도 해당 조직의 모든 구성원을 대상으로 조사하는 것은 불가능하기 때문에 여러 가지 방법을 통해 표본을 추출하여 연구를 하게 됩니다. 이 과정에서 연구대상을 무엇으로 설정했는지, 표본은 어떤 방법으로 추출했는지에 따라 연구의 결과가 달라질 수도 있기 때문에 연구의 대상 역시 매우 중요한 요소라 하겠습니다.

여섯째, 분석결과입니다. 양적 연구는 데이터를 통계적 기법으로 분석한 결과를 연구자가 해석하여 결론을 내리게 됩니다. 따라서 연구자는 데이터의 분석결과가 어떤 값을 나타냈는지 논문에 명확히 제시하여야 하는데, 이처럼 분석결과는 연구의 핵심 요소에 포함됩니다.

일곱째, 분석결과에 대한 해석 또한 연구의 중요 요소입니다. 같은 통계분석 결과값이 도출되었다 할지라도 연구자에 따라 왜 그러한 결과가 도출되었는지에 대한 해석은 서로 다를 수 있습니다. 따라서, 해석을 통해 도출하는 해결 방안이나, 후속 연구의 방향 역시 연구자에 따라 다를 수 있습니다.

(2) 연구주제 발굴 요령 1 – 연구대상의 차별화

자, 이제까지 사회과학에서 양적 연구를 구성하는 요소들에 대해 개략적으로 알아보았습니다. 앞서 말씀드렸듯이 여러 가지 구성요소 중 하나의 요소라도 기존의 연구와 차별화시킨다면 새로운 연구로 인정될 수 있습니다. 다시 한번 강조하지만, 초보 연구자는 지나치게 욕심을 내서 여러 가지 요소를 하나의 논문에서 새롭게 차별화하려고 해서는 안 됩니다. 그랬다간 대체로 실패하니까요. 그러면 어떤 식으로 각 요소들을 차별화하는 것이 좋을까요?

먼저, 초보 연구자들이 가장 쉽게 접근할 수 있는 주제 선정 방법은 연구의 대상을 차별화하는 것입니다. 즉, 기존의 연구 방식을 이제까지 연구되지 않은 대상에게 적용하는 것입니다. 예를 들어, 조직 연구에서 연구주제로 널리 다루어지고 있는 리더십 중에서 '서번트 리더십'이라는 주제에 대해 살펴봅시다. RISS에 서번트 리더십으로 검색할 경우 수천 건의 논문이 쏟아지는 것을 볼 수 있습니다. 그만큼 서번트 리더십이 이미 여러 분야에서 연구가 되고 있음을 보여줍니다. 그런데, 관련된 선행연구들을 검색해서 읽다 보니, 내가 관심을 가지고 있는 조직인 학교 영역에서 서번트 리더십을 연구한 논문은 찾을 수가 없었습니다 (실제로는 많이 있지만, 없다고 가정하겠습니다). 서번트 리더십은 주로 조직의 효율성이나 구성원 간의 신뢰 등에 긍정적인 영향을 미치는 것으로 연구되었는데, 학교장의 서번트 리더십이 학교 조직에서도 조직 효율성과 구성원 간 신뢰에 동일한 영향을 가지는지에 대해서는 연구된 바가 없을 경우, 이것을 연구주제로 삼는다면 연구의 필요성과 차별성이 인정됩니다. 연구결과, 서번트 리더십이 다른 조직을 대상으로 한 연구의 결과와 동일하다 하더라도 기존에 확인되지 않았던 사실이 데이터와 통계적 분석에 의해 확인되었으므로 연구의 필요성이 인정됩니다. 만약 기존의 연구와 다른 결과를 나타내었다면 연구의 필요성과 기여는 더욱 커질 수 있습니다. 연구자는 학교 조직에서 서번트 리더십 효과가 다른 조직과 다른 이유에 대해 나름의 해석과 추정을 덧붙일 것이고, 후행 연구자가 이러한 논문을 발견하고 선행 연구자의 추정이 맞는지 후행 연구를 통해 검증하는 과정을 거쳐 학술적인 발전이 이루어질 수 있기 때문이죠.

관련하여 좀 더 좋은 연구주제 발굴 방법은 전공하고 있는 분야에서 최근 해외에서 유행하고 있는 이론이나 실증연구들을 참고하여 국내에 적용하여 연구하는 방법입니다. 아래와 같은 상황을 가정해 보겠습니다. 과거에는 국민들이 법을 따르는 이유가 법을 따르지 않을 경우 처벌 받기 때문이라고 보는 시각이 강했습니다. 그런데 사람들은 처벌받지 않는 경우에도 대체로 법과 규칙을 준수하는데(사람들은 마트에 가면 알아서 다들 계산대 앞에 줄을 섭니다. 하지만 줄 안 선다고 실제로 처벌받는 경우는 거의 없습니다), 이러한 현상은 처벌이 법 준수의 원동력이라는 기존의 이론으로는 잘 설명이 되지 않습니다. 최근 해외에서는 사람들이 법을 준수하는 이유는 처벌에 대한 두려움이 아니라, 법이 절차적으로 공정하게 제정되었고 모두에게 공평하게 적용된다고 믿기 때문이라는 주장이 대두되었으며, 처벌의 강도와 법 제정 및 적용의 공정성 중 어느 것이 더 효과적으로 법 준수로 연결되는지 활발히 연구되었습니다. 그 결과, 서구권 국가에서는 법의 제정과 집행의 공정성이 처벌보다 법 준수에 더욱 중요한 영향을 미치는 요인이라는 사실이 대체로 인정받고 있습니다. 그런데 만약 우리나라 국민들을 대상으로는 아직 이러한 연구가 이루어지지 않고 있다면, 이 역시 좋은 연구 주제가 될 수 있는 것입니다. 각 사회 고유의 문화나 전통, 가치관, 환경 등은 연구결과에 중요한 영향을 미칠 수 있기 때문에 해외에서 매우 현실 적합하다고 인정받은 이론도 우리나라에는 잘 적용되지 않는 경우가 많습니다. 예를 들어, 합리적·개인적 문화가 주를 이루는 서구 문화권에 서는 성과를 강조하는 조직문화가 개인의 직무성과를 향상시키는 데 큰 도움이 될 수 있지만, 집단주의적 문화가 강한 유교권 국가에서는 성과지향적 문화가 직무성과에 오히려 부정적 영향을 미칠 가능성도 있겠지요. 따라서, 해외에서 최근 이슈가 되고 있는 이론이나 연구모델 을 국내에 적용하여 연구해 보는 것은 학술적으로도 충분한 의미가 있 으며, 지식의 일반화 측면에서 해외 학술지에서도 많은 관심을 가지는 주제입니다(여러분이 만약 어떤 이론을 개발했는데, 세계 여러 국가에서 그 이론을 연구에 활용하고, 연구결과 여러 국가의 사회현상을 설명하는 데 유용 하다면, 학자로서 매우 신나는 일 아닐까요?). 다만, 이 방법은 주로 해외 문헌(feat. 영어 스트레스)들을 참고해야 한다는 점에서 국내 연구를 새 로운 연구대상에 적용하는 것보다는 난이도가 조금 더 높습니다.

새로운 연구대상을 적용하여 주제를 발굴하는 방법을 초보 연구자에 게 추천하는 가장 큰 이유는 연구설계와 접근이 쉽기 때문입니다. 앞서 설명한 바와 같이 이미 이 분야에는 참고할 만한 선행연구들이 엄청나 게 쌓여 있습니다. 각 개념에 대한 정의도 대체로 합의가 이루어져 있 으며, 개념을 측정하기 위한 방법(조작적 정의, 설문 도구 등)도 이미 확 보되어 있습니다. 측정도구가 있는 것만 해도 감사한데 심지어 여러 선 행연구를 통해 그 도구의 신뢰도와 타당도 역시 충분히 검증되어 있습 니다. 초보 연구자도 잘 설계된 선행연구의 방식을 그대로 본인의 연구에 적용하면 되기 때문에 연구과정에서 오류가 발생할 가능성이 낮습니다. 따라서, 석사 학위를 준비하는 초보 연구자에게는 이 방법을 통한 연구주제 설정이 가장 적합하다고 생각합니다. 주의할 점은 내가 연구하고자 하는 주제를 이미 동일 연구대상에게 적용한 선행연구가 존재하는지 철저하게 검토하여야 한다는 점입니다. 물론, 선행연구가 있다 하더라도 극소수인 경우 서로 다른 표본을 통해 연구결과를 검증해 본다는 측면에서 최소한의 연구 필요성이 인정되겠지만, 심사과정에서 아무래도 연구의 차별성을 강하게 주장하기 어렵고, 기존 연구와 동일한 연구를 왜 한 것인가라는 지적이 나올 경우 대답이 궁색해질 수 있기 때문에 선행연구를 철저히 분석해서 가급적 아직 연구되지 않은 대상을 발굴하는 것이 좋습니다.

측정도구의 신뢰도와 타당도

　양적 연구에서는 변수의 개념을 정의하고, 측정하는 것이 매우 중요한 의제입니다. 개념의 정의와 측정도구가 엉터리라면 연구결과를 전혀 신뢰할 수 없어 무의미한 연구가 되기 때문입니다. 특히, 연구하고자 하는 개념의 측정이 제대로 이루어졌는지 확인하는 기준으로 일반적으로 신뢰도와 타당도가 제시되는데, 그 개념을 간략히 알아봅시다.

　1. 신뢰도
측정방법을 신뢰하기 위해서는 반복적으로 측정하여도 모두 동일한 결과를 도출할 수 있어야 하는데, 이를 신뢰도라고 합니다. 신뢰도가 확보되지 않은 측정도구는 측정할 때마다 서로 다른 값을 도출할 것이기 때문에 연구결과를 신뢰할 수 없게 됩니다.

2. 타당도
측정방법의 신뢰도(내적 일관성)가 확보되었다하더라도, 그것만으로는 좋은 측정도구라고 보기는 어렵습니다. 일관적으로 오답을 도출할 수도 있기 때문입니다. 따라서, 일관성과 함께 측정하고자 했던 개념을 정확하고 적합하게 측정한 것인지를 검토하여야 하는데, 이를 타당도라고 합니다.

(3) 연구주제 발굴 요령 2 – 변수 간 관계의 차별화

두 번째로 제안하는 연구주제 발굴 요령은 변수 간의 관계를 새롭게 설정하는 것입니다. 가장 흔하게 사용되는 방법입니다.

좀 전에 제시한 새로운 연구대상을 설정하는 방법은 초보 연구자의 접근이 쉽다는 강력한 장점이 있지만, 쉬운 만큼 연구의 필요성이나 차별성이 크지 않다는 단점이 있습니다. 지도하시는 교수님의 성향이 모두 다르겠지만, 어떤 교수님께서는 단순히 연구대상만 달리하는 연구 설계의 경우 학위논문, 특히 박사학위 논문 주제로는 학술적 가치가 좀 부족하다고 말씀하실 가능성도 큽니다.

변수 간의 새로운 관계를 설정하는 방법은 조금 어려울 수 있지만, 성공적으로 연구를 수행해서 기존에 알려지지 않은 변수 간의 유의한 관계를 검증해 내기만 한다면 대부분 충분한 학술적 가치를 인정받을 수 있다는 장점이 있습니다. 따라서, 박사학위에 도전하는 상당수의 연구자들이 이 방법을 사용하고 있습니다. 그럼 변수 간의 관계를 새롭게 설정한다는 것이 구체적으로 어떤 의미일까요?

앞서 이야기한 바와 같이, 양적연구의 경우 대부분 변수 간의 관계에 관한 가설을 설정하고, 양적 데이터에 대한 통계분석으로 이를 검증하는 방식으로 이루어지고, 변수 간의 관계 자체를 제목으로 하는 경우가 대부분입니다(예: A변수가 B변수에 미치는 영향에 관한 연구). 변수 간의 관계를 새롭게 설정한다는 것은 기존에 검증되지 않은 연구모형을 설정하여 이를 통계적으로 검증한다는 것을 의미합니다.

연구모형?

연구모형은 연구주제와 연구의 흐름을 도식화한 것으로, 연구문제와 가설들을 함축적인 그림으로 나타낸 것이라고 할 수 있습니다. 예를 들어, 상사의 리더십 유형 중 변혁적 리더십과 거래적 리더십이 구성원의 직무만족에 영향을 미치는 영향에 대해 연구한다고 가정했을 때, 위와 같이 글로써 연구주제를 표현할 수 있지만, 다음과 같은 그림으로 표현할 수도 있고, 이것이 곧 연구모형이 되는 것입니다.

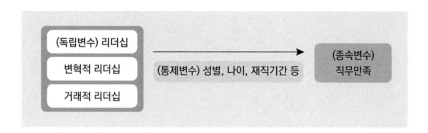

　새로운 변수 간의 관계를 설정하는, 즉 New 연구모형을 제시하는 방법에는 몇 가지 유형이 있습니다. 첫 번째, 새로운 독립변수를 제안하는 방법입니다. 예를 들어 기존 연구에서 학생의 정신건강에 영향을 미치는 요인인 A, B, C, D에 관한 연구들이 이루어져 있다고 가정하겠습니다. 여기에 새롭게 E라는 변수도 학생의 정신건강에 영향을 미칠 것으로 예상하고 E와 학생 정신건강의 관계를 검증하는 방법입니다. 두 번째는 기존의 변수 간의 관계를 재구성하는 방법입니다. 기존 연구에서 A, B, C, D가 병렬적·독립적으로 학생의 정신건강에 영향을 미치는 것으로 연구되었는데, 내 연구에서는 B 변수가 A 변수와 정신건강의 사이에 매개효과를 가진다고 가정하고 연구모형을 설정하는 방법입니다. 세 번째, 새로운 매개 또는 조절변수를 발굴하여 모형을 구성하는 방법입니다. 기존의 A, B, C, D와 종속변수 학생의 정신건강의 관계를 매개하거나 조절하는 E변수를 추가하여 연구모형을 설정하는 거죠.

매개효과? 조절효과?

1. 매개효과

매개효과는 독립변수와 종속변수 가운데서 중간 역할을 하는 것을 의미합니다. 앞서 변혁적 리더십과 거래적 리더십이 직무만족에 미치는 영향에 대한 연구모형을 설명했죠. 그런데 연구자가 생각하기에 리더십이 구성원의 직무만족에 직접적 영향을 미칠 수도 있지만, 변혁적 리더십이나 거래적 리더십이 조직의 공정성을 향상시켜서 공정성이 제고됨에 따라 직무만족이 향상될 것으로 예측할 수도 있습니다. 이러한 효과를 매개효과라 합니다. 위의 경우 조직공정성은 매개변수가 되며, 변혁적 리더십, 거래적 리더십과 직무만족의 관계에서 매개역할을 한다고 표현할 수 있습니다.

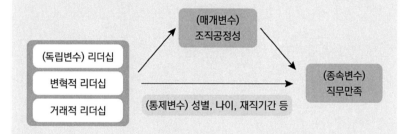

2. 조절효과

조절효과는 독립변수가 종속변수에 미치는 영향력의 크기가 특정 변수에 따라 달라지는 관계를 의미합니다. 만약 보수의 수준이 높다면, 변혁적 리더십과 거래적 리더십이 직무만족에 미치는 영향력이 더 강해지는지 검증할 수 있습니다. 이는 다음과 같은 연구모형 그림으로 나타내볼 수 있습니다.

매개효과 모형과 조절효과 모형의 가장 큰 차이는 독립변수가 매개 또는 조절변수에 미치는 영향입니다. 매개모형에서는 독립변수가 반드시 매개변수에 유의미한 영향을 미쳐야 하지만, 조절모형에서는 독립변수가 조절변수 사이에 유의미한 관계가 있을 필요가 없습니다.

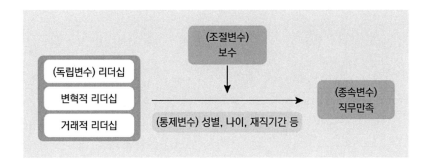

이 방법은 연구자에 따라 매우 다양하게 적용될 수 있습니다. 꼭 하나의 연구에서 한 개의 독립변수만 추가해야 하는 것은 아니며, 한꺼번에 여러 가지 변수를 새롭게 투입할 수도 있습니다. 물론, 매개변수나 조절변수의 경우에도 한 번에 여러 가지를 검증해 볼 수 있습니다. 또한, 새로운 독립변수를 추가하면서, 새로운 매개변수나 조절변수를 같이 추가하는 것도 가능합니다.

다만, 이 방법을 활용할 때 가장 주의해야 할 점은 이론적 기반이나 논리적 연관성이 전혀 없는 변수 간의 관계를 연구자가 임의로 설정하여서는 안 된다는 점입니다. 특히, 인간을 대상으로 하는 사회과학 연구에서는 여러 가지 변수들의 관계가 복잡하게 얽혀 있기 때문에 통계 수치만 가지고 변수 간의 관계를 논의한다면 여러 가지 오류가 발생할 수 있다는 문제가 있습니다. 예를 들어, 한 연구자가 병원과 질병의 관계를 연구하기 위해 사람들의 병원 방문 횟수와 현재 건강상태를 조사했습니다. 통계분석을 해보았더니 병원 방문 횟수가 증가할수록 사람들의 건강상태가 유의하게 나쁜 것으로 나타났습니다. 그렇다면 병원에 갈수록 병이 낫는 것이 아니라 오히려 악화될까요? 사람들의 건강을 향상시키려면 병원의 수를 줄여야 할까요? 이런 오류가 발생하는 이유는 선후관계에 대한 이론적 고찰을 제대로 하지 않았기 때문입니다. 병원에 갔기 때문에 아픈 것이 아니라, 사실 아프기 때문에 병원에 간 것이지만, 회귀분석과 같은 일반적 통계분석만으로는 명확한 선후관계(인과관계)를 알 수 없습니다. 따라서, 변수 간 관계에 대한 이론적 분석과 검토가 중요한 것입니다. '통계결과가 유의미하게 나왔다 → 변수 간의 관계가 인정된다'가 아니라, '이론적 검토 결과 변수 간의 유의한 관계가 있을 가능성이 있다 → 통계로 검증한 결과 유의한 관계가 있다'의 순서가 되어야 그나마 오류를 줄일 수 있습니다. 따라서, 변수 간 관계(가설)를 설정하기에 앞서 이에 대한 이론적 검토는 양적 연구의 핵심이자 필수사항입니다.

하지만, 최근 일부 연구들에서 변수 간 관계에 대한 이론적 검토를 거의 생략한 채, 가설을 설정하고 무작정 통계분석을 실시하는 경우가 종종 보이는데(심지어 등재지에 게재된 논문 중에서도 다수 있습니다), 이는 대단히 잘못된 연구입니다. 혹시 초보 연구자가 이러한 연구들을 보고 이론적 가정에 대한 충분한 검토 없이 가설을 설정하고 연구모형을 설계한다면, 심사과정에서 이를 지적받을 가능성이 매우 크고, 이에 관한 적절한 설명과 충분한 이론적 근거를 수정과정에서 논문에 반영하지 못한다면 힘들게 작성한 논문이 통과가 되지 않는 참사가 발생할 수 있습니다. 이 방법이 첫 번째 연구대상을 새롭게 설정하는 방법보다 난이도가 높다고 평가한 것은 바로 이와 같은 이유 때문입니다. 연구대상만 바꾸는 경우 이미 변수 간 관계에 대한 충분한 선행연구가 있기 때문에 선행연구에서의 가설 설정에 사용한 논리들을 거의 그대로 사용할 수 있고, 선행연구의 결과 그 자체를 실증 증거로 가설을 설정할 수 있습니다. 하지만, 새로운 변수 간의 관계에 대한 연구는 변수 간 관계에 대한 이론적 설득과 논리적 가정을 연구자가 스스로 해야하기 때문에 많은 공부가 선행되어야 합니다. 변수 간 관계에 대한 이론적 검토와 논리적인 가설 설정을 구체적으로 어떻게 해야 하는지는 뒤의 이론적 배경 작성 파트에서 좀 더 자세히 설명하도록 하겠습니다.

(4) 연구주제 발굴 요령 3 – 새로운 변수의 발견

(3) 항목에서 설명한 두 번째 연구주제 발굴 방법은 기존에 존재하는 변수들을 이용해서 변수들 간의 관계만 새롭게 설정하는 방법이었습니다. 이에 반해, 세 번째로 제시하는 방법은 변수 그 자체를 새롭게 제안하는 것입니다. 변수의 개념이나 정의를 제안할 수도 있고, 이미 학술적 정의가 존재하는 변수의 경우 해당 변수에 대한 새로운 조작적 정의나 이를 측정하는 도구(주로 설문도구)를 만들 수도 있습니다.

이러한 연구는 학술적으로 매우 큰 가치가 있지만, 이 책의 독자인 초보 연구자에게 추천하지는 않습니다. 왜냐하면 연구의 난이도가 너무 높기 때문에 실패하거나 연구과정에서 좌절할 가능성이 너무 크거든요. 여러분, 혹시 공부를 하다가 1970~80년대 심지어 1950년 이전에 발견되고 확립된 변수를 현재의 연구에서도 여전히 활용하고 있는 경우를 보지 않으셨나요? 최근에도 활발하게 연구에 활용되는 변수들 중에 2000년 이후에 발견된 것들은 의외로 별로 없습니다. 이것만 보더라도 새로운 학술적 변수를 추가한다는 것이 얼마나 어려운지 아시겠지요?

그럼에도 불구하고 이 어려운 길에 도전하시겠다면 여러 벽을 넘으셔야 합니다. 새로운 학술적 변수를 제시하기 위해서는 단순히 나의 주관적 생각이나 주장만 서술해서는 안 됩니다. 일단 기존에 존재하던 여러 가지 개념들의 발전 과정을 검토하고, 새롭게 제안되는 변수가 기존의 변수들과 어떻게 다른지, 구분하여야 할 필요성이 있는지 등을 선행연구에 기반하여 논리적으로 설명해야 합니다. 그리고 그 개념에 기초하여 해당 변수를 객관적으로 측정할 수 있는 방법이나 도구 역시 제안하여야 하며, 이를 측정하여 실증하였을 때, 논리적으로 적절한 결과가 도출되어야 합니다(예를 들어, 우울감을 측정하는 도구를 만들었는데, 이 도구로 우울감을 측정했더니 행복감에 긍정적 영향을 미치는 것으로 나타났습니다. 이게 말이 될까요?). 이러한 과정을 모두 거쳤을 때 새로운 변수가 학술적으로 인정될 수 있는데, 과연 이것을 초보 연구자가, 그것도 하나의 연구에서 모두 해낼 수 있을까요? 하나의 변수가 도출되기 위해서는 개념 고찰에 관한 연구, 다른 개념과의 비교 연구, 측정 방법에 대한 연구, 관련 실증연구들이 여러 편 이상 누적되어야 합니다. 여러분, 하나의 학위논문에서 이 모든 작업을 타당하게 해내실 자신이 있으신가요?

새로운 변수를 창출하는 모든 과정을 하나의 논문에서 다루기는 매우 어렵지만, 그 과정 중 하나에 중점을 둔 논문은 가능할 수 있습니다. 예를 들어, 개념 간 비교 고찰에 집중하거나, 기존에 논의되던 개념의 구체적 측정방식을 제안하거나, 새로운 측정도구를 제시할 수도 있겠죠. 다만, 이 경우도 내가 제시하는 개념이나 도구가 기존의 도구와는 어떻게 다르며, 어떤 장점이 있는지가 잘 서술되어야 하며, 특히 측정도구의 경우 내가 개발한 도구가 학술적으로 인정받고 후속연구에 활용되려면 적절한 이론적 기반에서 도출되었으며 신뢰도와 타당도를 갖추고 있음을 통계적으로 입증해야 하는데, 이 과정 역시 매우 어렵습니다. 또한, 그리고 새롭게 제시되는 개념이나 도구는 새로운 만큼 다른 연구자에게 비판받기 쉽습니다. 험난한 심사과정이 예상됩니다. 여러모로 보아도 초보 연구자들에게 적합한 주제 발굴 방식은 아니라고 생각됩니다.

(5) 그 외 구성요소에 대한 검토

앞에서 연구의 여러 구성요소 중, 연구대상, 변수 간 관계, 변수를 새롭게 설정하여 연구의 필요성이 인정되는 주제를 발굴하는 방법에 대해서 설명했습니다. 그렇다면, 앞에서 설명하지 않은 연구의 구성요소, 즉 이론, 연구방법, 연구의 결과, 해석을 새롭게 해보는 것은 어떨까? 하는 의문이 드셨을 겁니다. 여기에 대해서 현실적 측면에서 살펴보겠습니다.

먼저 '새로운 이론을 제시하는 연구를 할 수는 없는가?'에 대해 생각해 보겠습니다. 할 수만 있다면 정말 가장 학술적으로 큰 가치가 인정되는 방식이라고 생각합니다. 하지만, 과연 초보 연구자가 해낼 수 있을까요? 분야에 따라 다를 테지만, 학술 교과서를 읽어보면 교과서에서 제시하고 있는 이론은 대부분 해외에서 수십 년 전에 개발된 이론입니다. 이것만 보더라도 새로운 이론을 만들고 인정받는 것이 얼마나 어렵고 오랜 시간이 필요한 작업인지 이해하실 겁니다.

다음 새로운 연구방법을 제안하는 연구입니다. 기존에 활용되는 연구방법의 오류를 입증하고, 이 오류를 극복할 수 있는 새로운 연구방법을 제안할 수 있다면 학술적으로 매우 큰 가치가 있을 겁니다. 하지만, 이 방법 역시 현실적인 문제가 큽니다. 초보 연구자의 경우 기존에 널리 활용되는 연구방법(회귀분석 또는 구조방정식 등)을 이해하고 적용하는 것만으로도 힘들어하는 경우가 많습니다. 그런데, 나아가 새로운 연구방법을 제시한다? 통계전공처럼 전문적으로 연구방법을 다루는 경우가 아니라면 거의 불가능하다고 생각됩니다.

마지막으로 연구의 결과와 해석입니다. 기존의 연구결과와 다른 결과가 도출되고 이에 대한 적절한 해석이 이루어진 연구는 후행 연구자들에게 영감을 주고, 새로운 사실을 발견하는 계기가 된다는 점에서 매우 가치가 있다고 생각됩니다. 하지만, 연구의 결과와 이에 대한 해석은 연구자가 주제 발굴 단계에서 임의로 조절할 수 없는 요소입니다. 기존과 같은 결과가 도출될지 새로운 결과가 도출될지는 데이터 분석이 끝나봐야 알 수 있습니다. 따라서, 연구주제 발굴 단계에서부터 '나는 이 연구에서 새로운 결과를 도출해서 학술적 가치를 인정받아야지'라고 계획할 수는 없겠지요. 따라서 이 방법도 연구주제 선정단계에서 활용하기에는 적절하지 못합니다.

선행연구에 기초해 나의 연구주제와 모델을 설정하고 연구를 수행했는데, 선행연구 및 나의 예상과 전혀 다른 결과가 도출되는 경우에 대해 잠시 설명하고자 합니다. 이런 경우 초보 연구자는 소위 멘탈 붕괴를 경험하는 경우가 많습니다. 하지만 연구자가 의외의 결과에 적절한 해석을 더한다면 오히려 더 가치 있는 연구로 인정받을 수 있습니다. 선행연구를 광범위하게 탐색해서 내 통계결과를 뒷받침할 수 있는 여러 가지 증거(실증 증거면 더 좋겠지만, 실증 증거가 아니라면 선행연구에 적시된 주장이라도 좋습니다)를 수집해서 이 현상(통계결과)을 적절하게 설명하게 된다면 좋은 연구로 인정받을 수 있습니다. 물론, 적절한 해석을 하지 못할 경우 연구설계가 잘못된 것 아니냐는 오해와 공격을 당

할 수 있고, 이러한 공격을 피하기 위해 통계결과와 상반되는 주장을
펼친다면 논문의 체계성과 일관성이 부족하다는 지적을 받게 되므로
주의가 필요합니다.

(6) 연구주제 선정 시 유의사항

자, 지금까지 살펴본 연구주제 발굴 요령과 그 과정에서 유의해야
할 사항을 다시 한번 정리해 보겠습니다.

먼저 초보 연구자가 가장 접근하기 쉬운 연구방법은 선행연구가 많
이 이루어진 주제에 새로운 연구대상을 접목하는 방법입니다. 새로운
연구대상에 대한 실증연구는 지식의 일반화 또는 상반되는 연구결과
도출로 인한 새로운 지식의 발견 가능성이라는 측면에서 연구로서의
가치가 인정됩니다. 특히, 국내에서 아직 연구가 활성화되지 않은 경우
더 좋은 주제가 될 수 있습니다.

다만, 유의해야 할 것은 지도교수님의 성향에 따라 학위논문 주제로
서의 가치를 인정하지 않을 가능성이 있기 때문에 주제를 확정하고 연
구에 들어가기에 앞서 지도교수님과의 상의가 반드시 필요합니다. 상
의 과정에서는 교수님께 말로만 말씀드리기보다는 연구주제의 내용과
연구의 필요성(또는 차별성), 관련 주요 선행연구 현황 정도를 2~3p 이
내로 간략하게 요약해서 보여드리는 것이 좋습니다(교수님께서 이해하시
기도 쉬울 뿐만 아니라, 성의 있게 고민해 온 주제라는 점을 어필할 수 있습니

다). 또한, 혹시라도 같은 주제, 같은 대상에 대한 연구가 없는지 선행 연구들을 꼼꼼하게 분석해야 합니다. 만약, 같은 주제, 같은 대상에 대한 연구가 있다면 연구로서의 가치를 인정받기 어려울 겁니다.

　위 방법으로 연구주제를 선정하지 못했거나, 혹은 선정했는데 지도 교수님께서 좀 더 훌륭한(?) 주제를 선정하라고 하셨다면, 변수 간 관계를 새롭게 설정하는 방식을 활용할 수 있겠습니다. 대부분의 박사학위 논문들 역시 이 방식으로 발굴한 주제들을 활용하고 있기 때문에 지도 교수님이 여러분에게 거대한 애정이나 크나큰 기대를 가지고 있지 않다는 가정하에 대부분 통과되실 겁니다(필자가 지금까지 작성한 대부분의 논문 역시 첫 번째, 혹은 두 번째 방법을 활용한 연구들입니다). 만약 이러한 주제를 가지고 갔는데도 통과가 되지 않는다면, 가장 먼저 새롭게 설정한 변수 간 관계에 대한 이론적 근거나 논리적 설명이 부족하지 않은지 검토해 보아야 합니다. 교수님이 보시기에 여러분이 설정한 변수 간 관계는 이론적, 논리적으로 설명이 불가능하다고 보셨을 가능성이 큽니다. 왜 새 독립변수가 종속변수에 영향을 미칠 것으로 예상되는가, 왜 이 변수가 독립변수와 종속변수 사이에서 매개 또는 조절효과를 할 것으로 예상할 수 있는가?에 대한 답변을 세세하게 준비하셔야 합니다. 물론 이 답변은 여러분의 머리 속에서 상상한 내용이 아니라 선행연구에 의해서 논리적으로 주장되거나 실증적으로 검증된 사실을 활용한 것이어야 합니다. 실증적 선행연구가 전무하다시피 하여 도저히 선행연구에 의한 이론적 관계 구성이 불가한 경우에는 실제 관련 영역에 종사하는 사람들과의 인터뷰라던가, 특정 사례에 대한 분석을 기반으로 가설 관계를 도출할 수도 있으며, 나아가 거시 이론이나 나의 주관적인 사고의 결과 역시 변수 간 관계 설정의 근거로 제시될 수는 있지만, 이것이 통과되기 위해서는 이 변수 간 관계에 대한 선행연구들을 충분히 검토해서 선행연구가 거의 없다는 점을 자신있게 주장할 수 있어야 합니다.

만약 두 번째 방법에 의한 연구주제까지 부족하다고 반려를 당하였다면, 첫 번째 방법과 두 번째 방법의 융합을 시도해 보시기 바랍니다. 즉, 새로운 대상을 연구하면서 기존 연구 모형에 새로운 변수 역시 일부 추가하는 거죠. 이 정도 노력을 하였다면 대부분의 교수님들이 훌륭한 주제를 발굴해 왔다고 칭찬해 주실 거라고 확신합니다. 혹시 이것도 반려를 당하셨다면, 조심스럽게 새로운 변수를 창출하거나 새로운 방식으로 변수를 측정하는 방식의 연구주제를 검토할 수 있습니다. 다만, 이러한 주제의 경우 심사과정에서 제시된 개념에 대한 많은 비판과 지적에 시달릴 가능성이 농후하죠. 또한, 야심차게 준비한 측정도구에 대한 신뢰성과 타당성 분석결과가 좋지 않게 나온 경우 연구 전체가 엎어질 가능성이 크다는 리스크도 있습니다.

위에서 말씀드린 것처럼 새로운 이론이나 연구방법을 제시하는 것은 이미 완성된 학자들이나 가능한 영역이라 현실성이 없고, 연구결과나 해석 측면에서 New 포인트를 추가하는 것은 주제선정 단계에서는 고려할 사항이 아니므로 더 설명하지 않겠습니다. 가급적 첫 번째나 두 번째 수준의 방식으로 적절한 주제를 발굴하셨으면 합니다. 그러기 위해서 가장 중요한 것은 무엇일까요? 감이 오시죠? 바로 선행연구에 대한 철저한 분석입니다. 여러분의 연구주제는 선행연구에 있거나, 그 외의 영역에서 발굴하더라도 선행연구의 검토를 거쳐야 완성될 수 있습니다. 잊지 마세요!

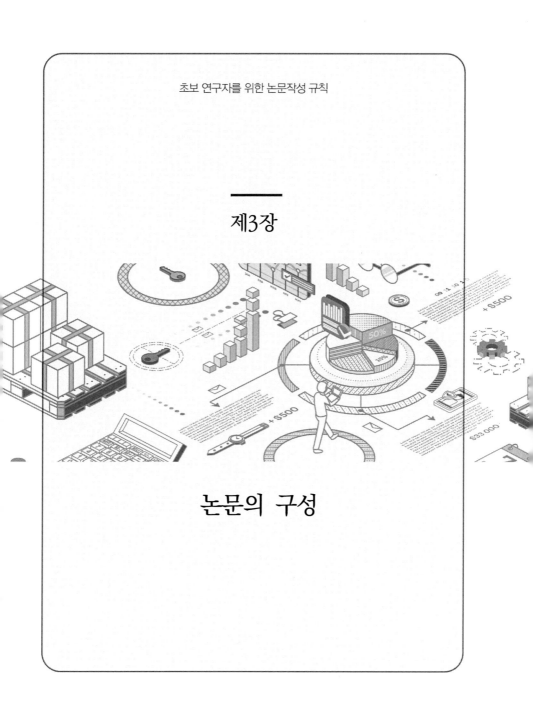

제3장

논문의 구성

제3장

논문의 구성

1. 일반적인 논문의 목차

앞의 장에서 설명한 대로 적절한 연구의 주제를 선정했다면, 그 연구문제를 해결할 수 있는 적절한 연구방법을 결정하고, 그에 따라 데이터를 수집하여 분석하여야 합니다. 이 책에서는 여러분들이 이러한 작업을 성공적으로 수행하였다는 가정하에, 여기까지 내가 연구한 내용을 어떻게 논리적인 논문으로 구성, 표현할 수 있을지에 대해 중점적으로 설명하고자 합니다.

논문은 대표적인 논리적인 글쓰기입니다. 따라서, 논문을 작성할 때에는 일반적으로 사용되는 일정한 형태, 즉 틀이 있습니다. 세부적인 논문작성 요령을 설명하기에 앞서서 논문의 틀, 즉 목차를 어떻게 구성할 것인지에 대해 알아봅시다. 제1장에서 말씀드린 것처럼 사회과학 분야의 양적연구 논문들은 대부분 ① 서론 ② 이론적 배경 ③ 연구설계 ④ 분석결과 ⑤ 논의 및 결론으로 구성됩니다. 거의 모든 논문이 이

5단 구성을 기본틀로 사용하지만, 구체적으로 들어가면 학자들마다 일부 차이는 있습니다. 그 차이는 주로 세부 요소를 어느 단계에 배치하는가에 관한 것인데, 이는 연구자의 선택이므로 여러분의 논문에 가장 적합한 목차를 스스로 선택하면 됩니다. 여러분의 이해를 돕기 위해 일반적으로 활용되는 논문의 목차 유형을 보여드리겠습니다.

1유형 (학위논문형)	2유형 (학술논문형)	3유형 (절충형)
Ⅰ. 서론	Ⅰ. 서론	Ⅰ. 서론

Ⅱ. 이론적 배경
 1. 변수의 개념
  (측정, 구성요소)
 2. 선행연구 검토
	Ⅱ. 이론적 배경
	 1. 변수의 개념
	  (측정, 구성요소)
	 2. 선행연구 검토
	 3. 가설 설정
	  (연구모형)
		Ⅱ. 이론적 배경
		 1. 변수의 개념
		  (측정, 구성요소)
		 2. 선행연구 검토
		 3. 가설 설정
		  (연구모형)

Ⅲ. 연구 설계
 1. 가설과 연구모형
 2. 변수의 측정 방법
 3. 자료수집과 표본
  특성
 4. 분석방법
	Ⅲ. 연구 설계
	 1. 변수의 측정 방법
	 2. 자료수집과 표본
	  특성
	 3. 분석방법
		Ⅲ. 연구 설계
		 1. 변수의 측정 방법
		 2. 자료수집과 표본
		  특성
		 3. 분석방법

Ⅳ. 분석결과
 1. 신뢰도 및 타당도
  분석
 2. 기술통계와 상관
  관계
 3. 집단 간 차이분석
 4. 영향관계 분석
  (가설검증)
 5. 분석결과에 대한
  논의
	Ⅳ. 분석결과
	 1. 신뢰도 및 타당도
	  분석
	 2. 기술통계와 **상관**
	  관계
	 3. 영향관계 분석
	  (가설검증)
		Ⅳ. 분석결과
		 1. 신뢰도 및 타당도
		  분석
		 2. 기술통계와 **상관**
		  관계
		 3. 영향관계 분석
		  (가설검증)
		 4. 분석결과에 대한
		  논의

Ⅴ. 결론	Ⅴ. 논의 및 결론	Ⅴ. 결론

  각 유형은 ① 가설과 연구모형을 제2장 이론적 배경에서 서술하는
지, 제3장 연구설계에 포함하는지, ② 제4장에서 집단 간 차이 분석 등
의 부가적 분석을 추가하는지, ③ 논의와 결론을 제5장으로 통합하여
서술하는지 제4장 분석결과에 논의를 별도로 구성하는지에 따라 다소
간의 차이가 있습니다. 일반적으로 분량 제한이 엄격한 학술논문의 경
우 가설 설정을 제2장 이론적 배경에서 간략하게 검토하면서 연구모형
도 함께 제시하고, 논의와 결론을 제5장에 통합하여 서술하는 경우가
많기 때문에 2유형과 같은 형태가 대부분입니다. 반면, 상대적으로 분
량 제한에서 자유로운 학위논문의 경우에는 가설과 연구모형을 좀 더
구체적으로 설명하기 위해 제3장 연구설계 초반부에 별도로 이를 기술
하는 경향이 있으며, 집단 간 차이분석과 같은 부차적 통계분석 역시
많이 포함됩니다(슬프지만, 일단 뭐라도 많이 써야 고생했다는 소리를 들을
수 있으니까요). 같은 이유로 논의와 결론을 역시 분리하여 좀 더 풍부
한 논의를 전개하는 경우가 많기 때문에 1유형과 같은 형태의 구성이
많습니다. 물론, 꼭 1유형이나 2유형 중에 하나를 따라야 하는 것은 아
니며, 연구자의 선택에 따라 3유형과 같은 절충형 스타일의 구성도 가
능합니다. 다만, 앞선 표에서 굵은 글씨가 아닌 일반 글씨로 표현된 목차
는 거의 모든 연구에 동일하게 적용되는 것이니 초보 연구자의 경우에는
임의로 바꾸지 않는 것이 좋겠습니다(물론 정형화되지 않은 목차를 구성한
이유에 대해 심사자들을 설득할 수 있다는 자신이 있다면 변형해도 됩니다).

2. 논문 구성의 핵심 - 5위 일체

이 부분은 이 책에서 가장 중요한 파트이기 때문에 좀 더 집중해서
읽어 주시면 좋겠습니다.

앞에서 설명한 틀에 맞추어 5단계로 논문을 구성하기만 하면 논리적
이고 체계적인 논문이라는 평가를 받을 수 있을까요? 당연히 형태만 흉
내내는 것으로는 부족합니다. 논문의 논리적 일관성을 잘 갖추고 싶다
면 5단계의 구성마다 핵심이 되는 요소들을 단계별로 잘 서술하고 각
단계의 핵심요소들이 서로 유기적으로 연결되어야 합니다. 이를 통해
연구자가 주장하고자 하는 바가 일관적으로 표현되면서 논리성과 설득
력을 갖추게 되는 것입니다. 이 책에서는 이 다섯 가지 핵심요소의 유
기적 연결을 '5위 일체'라고 부르고자 합니다. 필자는 5위 일체야말로
논문작성의 시작과 끝이라고 생각합니다. 연구자는 항상 자신의 논문
에 다섯 가지 핵심요소가 잘 서술되고 있는지, 이 요소들이 유기적으로
잘 연계되고 있는지를 염두에 두면서 논문을 작성하여야 합니다.

그렇다면 5위를 구성하는 핵심요소에는 어떤 것들이 있을까요? 논문
의 구성단계별 반드시 포함되어야 하는 핵심 요소는 다음과 같습니다.

〈5위 – 구성단계별 핵심 요소〉

논문 구성 단계	핵심 요소
서론	연구의 필요성
이론적 배경	변수의 정의, 변수 간 관계의 이론적 검토
연구 설계	연구모형과 연구방법
분석 결과	연구방법을 적용한 데이터 분석 결과
논의 및 결론	분석결과의 해석과 이론적·실천적 시사점

단계별 핵심요소가 유기적, 체계적으로 잘 연결되어 저자의 주장이 명확하게 드러나는 논리적 논문 쓰기를 이 책에서는 '5위 일체'라고 표현했습니다. 그렇다면 구체적으로 어떻게 논문을 작성하는 것이 5위 일체를 이루는 것인지 알아봅시다.

제2장에서 강조한 것처럼 논문의 시작점이자 가장 중요한 것은 연구의 필요성이 있는 연구주제를 발굴하는 것입니다. 이 과정을 성공적으로 수행했다면, 여러분은 여러분의 연구가 왜 필요하며, 기존의 지식과는 어떻게 차별화되는지를 서론에서 잘 설명할 수 있을 것입니다. 그럼 서론과 이론적 배경을 유기적으로 연계하려면 어떻게 해야 할 까요? 가장 먼저, 서론에서 언급한 연구주제에 포함되는 모든 변수들의 개념, 선행연구 흐름들을 검토하여야 하며, 연구주제와 관련이 없는 내용들은 절대 포함시켜서는 안 됩니다. 앞서 들었던 예시인 학교장의 서번트 리더십이 구성원 간 신뢰에 미치는 영향에 대한 연구의 경우를 생각해 보겠습니다. 서론에서 서번트 리더십이 학술적으로 매우 중요하지만,

학교 조직을 대상으로 구성원의 신뢰에 어떤 영향을 미치는지에 대한 연구는 거의 없다는 점을 연구의 필요성으로 강조하였습니다. 그럼 이론적 배경에는 어떤 내용이 포함되어야 논리적인 전개가 될까요? 가장 먼저 서번트 리더십의 개념은 반드시 포함되어야 하겠죠? 그리고 연구 주제가 학교장의 서번트 리더십이고, 연구의 필요성이 학교 영역에서 서번트 리더십 연구가 부족하다는 것이기 때문에 이론적 배경에서 학교 조직을 대상으로 한 리더십 선행연구의 경향과 흐름이 포함되어야 합니다. 그리고 이러한 경향 분석을 통해 학교에서의 서번트 리더십 연구가 부족하다는 점을 입증하고, 서론에서 주장한 연구의 필요성을 한번 더 강조해 준다면 서론과 이론적 배경이 잘 연계된 논리적 논문이 됩니다. 반대로 주제와 무관하게 이론적 배경을 뜬금없이 군 조직에서의 서번트 리더십 연구나 기업에서의 서번트 리더십에 관한 연구들을 중심으로 서술하는 경우가 있습니다. 초보 연구자들이 이러한 실수를 하는 이유는 자기 지식을 자랑하고 싶은 욕구와 이론적 배경의 양이 많을수록 좋다는 오해가 있기 때문이 아닐까합니다. 특히, 많은 분량을 작성해야 하는 학위논문의 경우 위와 같은 유혹을 더욱 느끼기 쉽습니다. 하지만, 연구주제 및 연구 필요성과 무관한 이론적 검토는 논문을 풍성하게 하는 것이 아니라, 체계와 일체감을 저해하는 마이너스적 존재입니다. 차라리 분량이 조금 부족하더라도 주제와 관련이 없는 이론적 검토는 하지 않는 것이 좋습니다.

선행연구가 현저히 부족하다, 거의 없다?

논문을 읽다보면 이런 표현을 자주 접하게 됩니다. 없으면 없고 있으면 있는거지 '거의 없다'고 하는 이유는 무엇일까요? 인간의 검색능력에는 한계가 있기 때문입니다. 열심히 찾아보았지만, 내가 못 찾은 논문이 있을 수 있습니다. 논문은 사실에 기반하는 글쓰기이므로, 명확히 확인된 사실과 추론 또는 주장은 엄격하게 구분되어야 합니다. 따라서, 명확한 근거 없이 위와 같은 단정적 문장을 사용하게 되면 심사과정에서 지적받을 가능성이 크기 때문에(필자 역시 같은 이유로 지적을 받아 본적이 있습니다), 저렇게 표현하는 것입니다. 따라서 명백한 사실(선행연구의 결과 또는 통계분석 결과)과 추론이나 해석, 주장(주로 분석결과에 대한 논의)을 구분하여 작성할 줄 알아야 합니다.

5위 일체를 이루기 위해서 연구설계 단계 역시 서론과 이론적 배경과 연계되어야 하며, 단순히 연구에서 사용하는 방법을 나열하는 형태로 작성되어서는 안 됩니다. 서론과 이론적 배경에서 언급하지 않은 변수를 연구모형에 포함시켜서는 안 되며, 연구에 사용하는 통계분석 방법을 소개할 때에는 이 연구방법이 왜 연구주제에 적합한지가 설득력 있게 제시되어야 합니다. 특히, 최신 통계기법을 사용해야 있어 보인다(?)는 오해로 인해 일반적이지 않은 통계분석 기법을 별다른 설명도 없이 적용하는 경우가 있는데, 이러한 경우 대부분 심사과정에서 지적을 받게 됩니다. 특별한 통계기법을 사용할 때에는 왜 이 방법을 사용하는 것인지, 이 통계방법이 연구목적과 데이터 특성에 적절한지, 나아가 일반적인 통계기법을 적용할 경우 발생할 수 있는 오류의 위험성과 연구자가 제시한 방법이 이 오류를 어떤 점에서 극복할 수 있는지 등이 논증되어야 인정받을 수 있습니다. 변수의 측정방식에 있어서도 이론적 배경에서 소개한 변수의 개념과 변수를 측정하기 위한 조작적 정의가 잘 연계되어야 하고, 적절한 측정방식이 제안되었는지 살펴야 합니다.

조작적 정의

조작적 정의는 변수의 개념을 연구자가 객관적, 경험적으로 측정할 수 있게 기술하는 정의를 의미합니다. 예를 들어, 학업 성취도라는 변수를 측정하고자 할 때, 객관적인 기말고사 점수를 사용할 수도 있으며, 혹은 별도의 시험을 통해 측정할 수도 있습니다. 또는, 주관적으로 학생들에게 자신의 학업 성취도 수준에 대해서 설문하여 측정할 수도 있습니다.

조작적 정의는 사물이나 현상을 객관화하여 측정할 수 있도록 변형한다는 점에서 연구결과의 일반화를 추구하는 양적연구에서 매우 중요한 의미를 가집니다.

분석결과 단계에서도 서론, 이론적 배경, 연구설계와의 연계가 중요합니다. 드물지만 연구주제나 연구모형에서 언급이 없는 변수를 통계분석하여 그 결과를 제시하는 경우가 있습니다. 하지만, 이 역시 논문의 내용을 풍성하게 하는 것이 아니라, 논문의 논리적 일관성을 헤치는 것이기 때문에 지양해야 합니다.

마지막 단계인 논의 및 결론부는 논문의 논리성과 일관성을 헤치는 서술이 가장 많이 나타나는 파트입니다. 강조한 것처럼 5위 일체는 논문의 논리적 전개와 체계성을 만들어내는 핵심입니다. 따라서, 논의에서도 앞의 이론적 논의와 통계분석에서 다루지 않은 해석이나, 통계분석 결과에 기반하지 않은 정책적 대안 등이 제시되어서는 안 됩니다. 서론부터 분석결과까지는 일관성을 잘 유지하며 객관적인 태도로 논문을 작성해 온 연구자라 할지라도, 논의 단계에 이르게 되면 대부분 자신이 논문작성 과정에서 공부하여 알게 된 내용을 최대한 많이 풀어 쓰고 싶다는 욕구를 느끼게 됩니다. 예를 들어, 학교장의 서번트 리더십과 구성원 간의 신뢰에 관한 통계를 분석해 보니, 서번트 리더십이 향상될수록 구성원 간의 신뢰를 향상시키는 것으로 나타났다고 가정해 봅시다. 그렇다면 논의 파트는 어떻게 작성되어야 할까요? 서번트 리더십과 구성원의 신뢰를 연구한 다른 연구결과와의 관계(학교영역에서도 동일한 결과가 도출되는지 혹은 반대의 결과가 도출되었는지), 양자가 정적인 영향 관계를 가지는 이유에 대한 추정, 양자의 정적 영향 관계를 이용한 정책적 대안 등이 논의에서 다루어져야 합니다. 그런데, 이 부분에서 많은 초보 연구자들이 그동안 공부한 내용이 아까워서인지 서번트 리더십이 구성원 간 신뢰에 외에도 학교 조직에 어떤 긍정적 영향을 미칠 수 있는지, 서번트 리더십을 활성화하려면 어떻게 해야 하는지, 혹은 서번트 리더십 외에 구성원 간 신뢰에 영향을 주는 다른 리더십 유형에 대한 언급 등을 하게 됩니다. 이 역시 논문의 5위 일체를 저해하고 논리적 전개를 헤치기 때문에 이러한 내용들은 논문에 포함되어서는 안 됩니다. 반면에 논의 및 결론부에서 5위 일체를 실현하고 연구자의 논리를 강화하는 좋은 방법이 있습니다. 바로, 서론에서 기술한 연구의 필요성을 연구의 기여점으로 바꾸어 결론부에 한 번 더 강조 서술해 주는 것입니다. 서론에서 학교 영역에서의 서번트 리더십 연구가 부족하다는 점에서 연구의 필요성을 부각시켰다면, 결론에서는 "이 연구는 그동안 연구가 부족하였던 학교 영역에서의 서번트 리더십이 구성원 간 신뢰에 미치는 영향을 실증적으로 검증하여 양자가 유의한 정적 관계를 가진다는 것을 밝혔다는 점에서 학술적 가치가 있다"는 형태로 이를 재강조해 주는 것입니다. 서론에서 연구의 필요성을 제시하고, 이론적 배경이나 연구설계에서 연구의 필요성을 재강조하면서 그에 대한 구체적 근거를 제시하고, 결론에서 이를 연구의 기여점으로 강조하는 것이죠. 이렇게 논문을 전개할 경우 심사자들은 3번에 걸쳐 논문의 주제와 관련된 연구자의 명료한 주장을 읽게 되므로 논문의 전개가 일관성있으며 논리적이라는 인상을 받게 됩니다. 이것이야말로 5위 일체의 핵심요령이자, 필자가 논문을 작성할 때 가장 주안점을 두는 부분입니다.

통계적으로 유의하다? p값의 의미?

　논문을 읽다보면 결과값이 통계적으로 유의하다, 유의미하지 않다라는 표현을 자주 접하게 되는데 이것은 무슨 의미일까요? 모든 연구에는 데이터 수집이나 연구방법 등의 한계가 있기 때문에 이런 오류의 가능성을 완벽하게 해결하여 통계값을 산출한다는 것은 불가능합니다. 일반적으로 오류의 가능성이 5% 이하($p <= 0.05$)일 때 통계적으로 유의하다고 표현합니다. 물론 0.05라는 기준이 절대적인 것은 아니며 연구에 따라 0.1 수준을 통계적으로 유의미하다고 표현하는 경우도 있습니다.

　자, 지금까지 논문 구성과 기술의 핵심 요령인 5위 일체에 대해 설명드렸습니다. 그렇다면, 모든 논문을 꼭 이런 식으로 작성해야 하는가? 이 요령대로 작성하지 않으면 논문이 통과되지 않는가? 당연히 그렇지는 않습니다. 하지만, 여러분이 앞서 설명한 5위 일체의 원칙에 따라 논문을 서술한다면 최소한 논문의 논리성이 부족하다, 체계적이지 못하다라는 지적을 받을 가능성은 매우 낮다고 생각됩니다. 그리고 현존하는 대부분의 양적연구 논문이 5단계 구성 방식을 사용하고 있기 때문에 여러분들도 나만의 방식을 개발하기에 앞서 이 5단 구성 방식과 각 단계에서의 핵심요소를 체계적으로 연계하는 5위 일체에 익숙해져야 합니다.

3. 논문 목차별 세부요소 및 구성 요령

이제 논문의 각 항목은 어떻게 구성되는지, 각 단계에서 반드시 서
술해야하는 내용은 어떤 것들이 있는지 좀 더 자세히 알아봅시다. 이
책에서는 각 구성단계의 내용들은 중요도에 따라 다음의 3단계로 구분
하여 설명합니다.

☆☆☆ 핵심 요소: 논문의 성립과 5위 일체에 직결되는 요소로,
　　　　　　　반드시 서술되어야 하는 요소
☆☆　　중요 요소: 반드시 서술될 필요는 없지만, 생략할 경우 심사
　　　　　　　과정에서 지적받을 가능성이 큰 요소
☆　　　일반 요소: 서술 여부를 연구자가 선택할 수 있고, 생략하여도
　　　　　　　심사과정에서 지적받을 가능성이 낮은 요소

(1) 서론의 구성

☆　　　연구주제의 중요성
☆☆☆　연구의 필요성
☆☆　　연구방법의 개략적 소개
☆　　　연구의 흐름과 논문 구성 방식

서론은 논문의 시작으로, 장의 제목은 대부분 간단하게 '서론'으로
표시합니다. 간혹 '들어가면서', '문제 제기' 등을 사용하기도 합니다.

논문의 서론을 작성하는 가장 중요한 목적은 이 연구가 기존의 연구

와 차별화되는 이유, 즉 연구의 필요성을 논증하는 것입니다. 바쁜 시간을 쪼개서 왜 이 논문을 읽어야 하는지가 논문의 초반부인 서론에서 충실히 설득되지 않는다면 독자들은 이 논문을 읽지 않겠죠. 그리고 이 연구가 기존의 연구와는 다른 독창적 연구라는 점이 인정되지 않으면 굳이 같은 지식을 반복적으로 읽을 필요는 없기 때문에 역시 논문을 읽지 않을 겁니다. 결국 연구의 필요성은 논문 성립의 핵심이자, 서론에서 가장 먼저 언급되어야 하는 핵심 요소라 하겠습니다.

앞서 지적한 것처럼, 서론 작성에서 초보 연구자가 가장 많이 실수하는 점은 연구의 필요성을 연구주제의 중요성과 혼동하는 것입니다. 자, 예를 들어 보겠습니다. 자살률 감소에 기여하기 위해서 자살에 미치는 영향요인을 검증하는 연구를 설계했다고 가정하겠습니다. 이 연구의 서론을 작성하면서 연구자가 자살 문제가 왜 중요한지, 우리 사회에서 자살이 얼마나 심각한지, 자살이 국가발전에 어떠한 영향을 미치는지 등을 서술하였다면 이것은 연구의 필요성이 아니라 연구주제의 중요성을 기술한 것에 해당됩니다. 그렇다면 연구의 필요성은 무엇일까요? 자살의 영향요인들에 대해서는 어떤 연구들이 이루어져 왔으며, 이 연구에서 설정한 자살에 영향을 주는 변수(독립변수)가 기존의 연구에서 다루던 독립변수와 어떻게 다른지, 기존의 연구설계에 비해 이 연구가 어떤 장점을 가지는지, 혹은 기존 연구와 다른 어떤 접근 방식을 사용했는지, 기존 연구와는 달리 어떤 이론적, 실천적 의미를 가지는지 밝히는 것이 연구의 필요성입니다. 따라서, 연구의 필요성은 연구주제의 중요성과는 다르게 반드시 선행연구의 경향에 대한 분석을 기반으로 서술되어야 합니다(물론 구체적인 선행연구 분석은 제2장 이론적 배경에서 다루겠지만, 서론에서도 간략한 선행연구 경향 정도는 언급되어야 연구의 필요성을 제시할 수 있습니다). 차이가 이해되시나요? 누차 강조한 것처럼 연구는 새로운 지식(Something New)을 밝히는 것이기 때문에, 서론부에 가장 중요한 핵심은 이 연구가 왜 새로운 것인가, 다른 연구와 어떻게 차별화되는가에 대해 독자를 설득하는 것입니다. 이 연구주제의 파급력이 얼마나 강한가, 연구문제가 사회적으로 얼마나 빈발하고 있는가, 이 연구문제가 해결된다면 어떤 이득이 예상되는가는 부차적인 문제일 뿐입니다.

그럼 초보 연구자들이 연구주제의 중요성과 연구의 필요성을 자주 혼동하는 이유는 무엇일까요? 아마 대부분의 논문들이 연구주제의 중요성에 대한 언급으로 시작되기 때문이라고 생각합니다. 대부분의 논문의 서론은 아래와 같은 순서로 구성됩니다.

"(연구주제의 중요성) 현대 사회에서는 …… 한 이유로 연구주제의 중요성이 매우 부각되고 있다.

(연구의 필요성) 그런데, 이 연구처럼 …… 관점에서의 연구는 현저히 부족한 실정이다. 따라서 이 연구문제가 해결된다면 …… 등의 학술적, 실천적 기여가 있을 것으로 예상된다.

(연구방법의 개괄적 소개) 이 연구는 이러한 관점에서 ……의 방식으로 수집된 데이터를 ……과 같은 방법으로 분석하고자 한다.

(연구의 흐름, 논문구성 방식) 연구목적 달성을 위해 본 논문은 ……의 순서로 구성되었다."

이처럼 가장 먼저 서술되는 것이 연구주제의 중요성이기 때문에 이것이 서론의 핵심인 것으로 오해하지 않았나 생각합니다. 하지만 연구주제의 중요성은 사실 연구의 필요성을 끌어내기 위한 일종의 Ice breaking이기 때문에 생략하여도 논문의 성립에 전혀 영향을 주지 않습니다(대화를 할 때 바로 본론으로 들어가기보다 날씨나 근황 토크로 가볍게 시작하는 것과 같다고 생각하시면 됩니다). 최근 분량의 엄격한 제한을 받는 SSCI 논문의 경우 연구주제의 중요성에 대한 언급을 "이 주제에 대한 학자들의 관심이 높아지고 있다"와 같은 하나의 문장으로 끝내거나 아예 생략하는 경우도 많이 볼 수 있습니다. 따라서, 연구주제 중요성의 경우 ☆로 분류하였습니다. 반면, 연구의 필요성은 서론에서 생략되거나 설득력 있게 제시되지 않는다면 심사를 통과하기가 거의 불가능하기 때문에, 서론부에서는 연구의 필요성에 중점을 두어야 합니다. 따라서, 연구의 필요성은 ☆☆☆입니다.

연구의 필요성을 제시하는 것 외에 서론의 또 다른 목적은 설정한 연구문제를 어떻게 해결할 것인지에 대한 방법과 그 흐름을 간략히 소개하는 것입니다. 일종의 본 논문에 대한 예고편이라고 생각하면 될 것

같습니다. 비교적 분량에서 자유로운 학위논문의 경우 표나 그림으로 자세히 제시하기도 하지만, 분량이 한정된 학술 논문의 경우 대부분 4~5줄 이내의 간단한 문단 정도 수준에서 서술합니다. 연구방법에 대한 설명은 대부분의 논문에서 포함하고 있고, 생략하거나 부실할 경우 간혹 심사자의 지적이 있는 경우도 있어 ☆☆로, 논문을 어떻게 구성할 것인지에 대해서는 서술하지 않는 경우가 많기 때문에 ☆로 평가하였습니다.

(2) 이론적 배경

☆☆☆	연구주제의 중요성
☆	각 변수의 측정 방법
☆☆	각 변수 관련 선행연구의 흐름과 분석
☆☆☆	가설 설정(변수 간의 관계) / 연구설계에서 다루기도 함
☆☆	연구모형 / 연구설계에서 다루기도 함

이론적 배경은 초보 연구자들이 가장 어려워하는 부분이자 작성에 가장 많은 시간이 요구되는 파트입니다. 실제 논문에서 '이론적 고찰', '선행연구 분석', '문헌 연구' 등 여러 가지 형태로 표현되고 있지만, 가장 일반적으로 사용되는 용어가 '이론적 배경'이기 때문에 특별한 사유가 없다면 이론적 배경이라는 제목을 사용하면 됩니다.

이론적 배경에서는 어떤 내용들이 다루어져야 할까요? 양적연구에서 이론적 배경은 주로 연구에 사용된 변수들을 중심으로 구성, 기술되는 것이 일반적입니다. 먼저 연구모형에 사용되는 모든 변수들이 학술적으로 어떻게 정의되는지, 이 논문에서는 여러 가지 정의 중 어떤 정의를 활용하는지와 그 이유가 무엇인지에 대해 분명히 서술되어야 합니다. 모든 변수들이 이론적 배경에서 다루어져야 하며 빠지는 변수가 있어서는 안 됩니다. 예를 들어 살펴보겠습니다. 최근에 공직사회에서 강조되고 있는 적극행정 태도에 영향을 미치는 요인에 관한 논문을 작성한다고 가정해 보겠습니다. 그렇다면 이론적 배경 파트에는 가장 먼저 적극행정이 무엇인가에 대한 논의가 이루어져야 합니다. 학자들이 적극행정을 어떻게 정의하고 있는가? 적극행정과 관련된 법률이나 정부 매뉴얼에서는 이를 어떻게 정의하고 있는가? 등을 서술하고, 마지막으로 저자가 이 연구에서는 적극 행정을 어떻게 정의할 것인가(다른 학자의 정의를 그대로 사용하여도 되고, 여러 학자들의 정의를 조합하여 스스로 정의하여도 됩니다)를 명시합니다. 왜 이러한 정의를 택하였는지, 어떤 관점에서 이 정의가 연구의 연구목적과 부합되는지에 대한 논리적 설명도 이루어져야 합니다. 다음으로 이 연구에서 내가 적극행정의 영향요인으로 설정한 변수들에 대해서도 동일한 방식으로 개념정의를 해주어야 합니다. 변수의 개념은 계량연구의 출발선이자, 핵심적인 부분이므로 그 중요도를 ☆☆☆이라 할 수 있습니다.

다음으로 이론적 배경에 포함되는 내용으로 각 변수의 측정방식이 있는데요. 일반적으로 널리 사용되는 측정방식이 확립되어 있지 않아 이에 대한 논쟁이 치열하거나 내 연구의 주제가 측정방식과 밀접한 관련(예: 새로운 측정방식을 제안하는 연구인 경우)이 있다면 반드시 포함되어야 할 내용이지만(이때는 ☆☆☆입니다), 대부분의 연구에서 유사한 측정방식을 사용하거나, 널리 인정된 측정도구가 있는 경우에는 생략도 가능합니다. 앞에서 강조한 바와 같이 초보 연구자의 경우 측정도구나 방법이 확립된 연구주제를 선정하는 것이 안전하기 때문에 측정도구에 대한 논의가 필요한 경우는 많지 않을 것으로 예상됩니다. 따라서 측정방식에 대한 논의는 ☆로 평가하겠습니다.

변수의 개념에 대해 정리하였다면, 전반적으로 이 변수가 어떤 영역에서 어떤 변수들과의 관계에서 주로 연구되었는지에 대한 흐름을 기술해 주어야 합니다. 앞의 적극행정 연구를 다시 예로 살펴보겠습니다. 적극행정의 경우 종속변수로 활용될 때에는 주로 변혁적 리더십이나 공공봉사동기 등에 의해 영향을 받는지에 대한 실증 연구가 이루어졌으며, 적극행정이 독립변수로 사용되는 경우 주로 조직의 성과에 영향을 미치는지에 대한 연구들이 이루어졌습니다. 이러한 연구의 경향과 개별 연구들의 결과(영향을 미치는지, 그 영향은 긍정적인지 부정적인지 등)를 요약하여 제시합니다. 개별 변수들의 선행연구 결과는 분량상의 이유 등으로 과감하게 생략하는 경우도 있지만, 과도하게 생략할 경우 심사 시 이론적 배경에 대한 검토가 부실하다는 지적을 받는 경우가 많습니다. 특히, 학위논문의 경우에는 각 변수의 선행연구 흐름에 대한 충분한 논의가 이루어지는 것이 중요하기 때문에 ☆☆로 평가합니다.

이론적 배경에서 가장 중요한 것은 바로 내가 설정한 연구모형에 나타난 변수 간의 관계가 이론적 논리적으로 연관이 있음을 설득하는 것입니다. 앞에서도 강조하였지만 사회과학 영역에서는 여러 가지 요인들이 복합적으로 관련되어 있어 통계분석 결과만 가지고 결론을 내릴 경우 오류를 범할 가능성이 매우 큽니다. 따라서, 분석결과가 통계적으로 유의한 것보다 왜 변수들 간에 유의한 관계가 있을 것으로 예상하는지를 논리적으로 설명하는 것이 더 중요합니다. 변수 간 논리적 관계를 기술하는 방법 중 가장 쉬운 것은 동일한 변수 간 관계에 관한 실증연구를 인용하는 것입니다. 내 연구에서 공무원의 적극행정을 촉발할 수 있는 요인으로 공공봉사동기를 설정하였는데, 공공봉사동기와 적극행정의 유의한 영향관계를 실증한 선행연구가 있다면, 이를 근거로 간단하게 이론적 관계를 설정할 수 있습니다. 직접적인 실증 근거가 없다면 적극행정과 관련된 이론을 토대로 양자의 관계를 설명하는 방법도 있습니다. 적극행정을 적극적인 직무태도의 일종으로 보고, 적극적 직무태도와 관련된 동기 이론, 직무특성 이론 등을 통해 '공공봉사동기 역시 적극적 직무자세를 유발하는 내적 동기에 해당하기 때문에 적극행정과 유의한 관계가 있을 것으로 예상된다'는 형태의 설명이 가능합니다. 양자의 관계를 설명하기에 적절한 이론조차 찾을 수 없다면 실제 사례 분석이나 현직 공무원에 대한 심층 인터뷰 결과를 가설의 이론적 근거로 활용할 수도 있습니다. 일선 공무원에게 "어떤 공무원이 적극행정을 하는가?"라고 물었을 때, "처음부터 봉사정신이나 희생정신이 투철한 사람들이 있거든요. 공무원이 꿈이었던 사람들요. 이런 사람들이 보통 적극적으로 일을 하는 것 같아요."라는 답변을 얻었다면 이를 토대로도 공공봉사동기가 적극행정과 유의한 관계가 있을 것이라는 것을 추론할 수 있을 겁니다. 변수 간 관계 및 가설에 대한 이론적 검토의 충실성은 심사과정에서 가장 많이 지적받는 부분이기도 하며, 생략할 경우 논문의 성립 자체에 영향을 미치기 때문에 ☆☆☆에 해당하는 핵심요소입니다.

인용하기

이론적 배경은 논문에서 가장 많은 인용이 이루어지는 부분입니다. 이쯤에서 초보 연구자들이 많이 질문하는 인용에 대해 간단히 설명하겠습니다.

1. 인용의 의미와 중요성
인용은 쉽게 말해 '다른 사람의 주장을 가져와서(引), 나의 주장에 사용(用)하는 것'입니다. 논문에서 인용이 중요한 이유는 여러 가지가 있겠지만, 대표적인 것들만 제시하겠습니다. 먼저, 긍정적 측면에서는 기존의 밝혀진 사실의 출처를 밝힘으로써 내 주장의 설득력을 더해줄 수 있습니다. 다음, 부정적 측면에서는 타인의 주장을 출처를 밝히지 않고 내 생각인 것처럼 쓴다면 표절과 같은 연구윤리의 문제가 발생할 수 있기 때문입니다.

2. 인용의 양과 기준

초보 연구자에게 자주 듣는 질문 중 하나가 '논문 쓰려면 인용을 얼마나 하는 것이 좋을까요?'입니다. 안타깝게도 이 질문은 인용의 개념과 기준을 전혀 이해하지 못한 사람의 질문이며 스스로 초보 연구자임을 인증하는 질문입니다. 인용한 논문이 적다고 부족한 논문이거나, 인용이 많다고 좋은 논문이 되는 것은 아닙니다(다만, 새로운 사실이나 아이디어에 대한 내용이 거의 없고 인용으로만 논문을 작성한 경우, 연구의 필요성을 인정받기도 어려울뿐더러 연구윤리의 문제가 발생할 수 있습니다).

인용의 기준은 매우 간단합니다. 이 사실이 내 고유의 생각에 해당한다면 인용하지 않아도 되나, 내 생각이 아니라 다른 글에서 봤던 것이라면 인용을 하는 것이 원칙입니다. 다만, 내 생각은 아니지만 일반적으로 널리 알려진 사실인 경우 인용을 생략할 수 있습니다. 즉, 내 연구 중 기존의 연구에 기반한 내용이 많다면 인용이 많아지는 것이고, 내 연구가 기존의 연구보다 새로운 독창적 연구결과에 중점을 두었다면 인용이 적은 것입니다. 결국 인용의 양은 연구의 특성에 따라 달라지는 것으로 보아야 합니다.

3. 인용의 방법

인용의 방법은 크게 직접인용과 간접인용이 있습니다. 직접인용은 타인의 글을 그대로 옮겨 오는 것이며, 간접인용은 타인의 글 일부만 사용하거나 내가 소화해서 다르게 표현하는 것입니다. 대부분 연구자들이 논문작성 시에 간접인용을 활용하며, 직접인용의 경우 중요한 개념 설명 정도에만 활용합니다. 직접인용은 줄을 바꾸어 " " 등으로 직접인용임을 표시하고, 아래에 출처 명시하는 방법으로 표현합니다. 간접인용의 경우 주로 문장 뒤에 '(저자명, 출판연도)'와 같은 방식으로 표현하거나 문장 내에서 '저자명(출판연도)에 따르면'과 같은 방식으로 표현됩니다.

예시) • 직접인용
홍길동(2024)은 연구 개념을 아래와 같이 정의하였다.
"연구는 어떤 사물이나 현상을 탐구하여 새로운 사실을 발견하는 행위이다."
• 간접인용
1) 홍길동(2024)에 따르면, 연구는 사물이나 현상 등을 살펴 새로운 지식을 발굴하는 행위라고 할 수 있다.
2) 연구는 결국 사물 또는 현상 등을 깊이 있게 탐구하여 새로운 사실을 발견하는 행위이다(홍길동, 2024).

간접인용에 있어서 또 하나 주의해야 할 점은 출처를 표시했다 하더라도 타인의 주장을 그대로 내 논문에 기재해서는 안 된다는 점입니다. 간접인용은 반드시 타인의 의견을 내 방식대로 소화하여 다르게 표현해야 하며, 구체적으로는 6단어 이상이 연속으로 일치하여서는 안 됩니다.

4. 인용출처의 표시
일반적으로 논문의 말미에는 '참고문헌' 항목이 존재하며, 여기에서 본문에서 인용한 논문들의 정보를 밝혀야 합니다. 참고문헌을 작성하는 방식은 학회나 학교마다 다르기 때문에 소논문의 경우 내가 논문을 제출하고자 하는 학회의 양식에 따르면 되고, 학위논문의 경우 학교 홈페이지 등에 업로드된 양식을 사용하게 됩니다. 여기에서는 가장 흔히 사용되는 APA(미국심리학회) 작성 방식만 간단히 소개하겠습니다.

- APA 참고문헌 표시 방식
  → 저자(출판연도), 논문명, 학술지 이름, 권(호), 수록 페이지
    예시: 홍길동(2024), 연구 최적화 방안, ○○학술, 15(3), 1-20.

변수 간 관계에 관한 가설을 모두 설정하였다면 이를 그림으로 간략화한 연구모형을 제시해주면 논문의 명확성 향상에 큰 도움이 됩니다. 숙달된 연구자들은 논문을 볼 때 가장 먼저 연구모형부터 찾아보며, 연구모형만 보아도 논문의 주제와 제목, 연구의 흐름 전반을 예측할 수 있습니다. 따라서 가급적 연구모형 그림은 제시해 주는 것이 좋으며 생략할 경우 추가하라는 지적을 많이 받기 때문에 ☆☆로 평가하였습니다.

변수 간 관계(가설)와 연구모형은 연구자에 따라 제2장 이론적 배경에서 다루기도 하고, 제3장 연구설계 파트에서 다루기도 합니다. 필자의 경우 이론적 배경에서 가설을 도출하고 그 말미에 연구모형을 제시하는 구성을 선호하여 제2장에서 다루는 것으로 설명하였습니다. 하지만, 학위논문에서는 제3장 연구설계에 하위 항목으로 "1. 연구모형과 가설" 등을 개설하여 기술하는 경우도 많이 있기 때문에 연구자가 좀 더 마음에 드는 형태를 선택하면 됩니다.

(3) 연구설계 구성하기

☆☆☆   연구모형과 가설 / 이론적 배경에 다루기도 함
☆☆☆   각 변수의 조작적 정의와 측정방법
☆☆☆   데이터 수집 방법과 절차(표본 특성)
☆☆   자료의 분석방법(전략)

제3장은 연구에 사용되는 변수들이 어떤 도구를 사용하여 측정되었는지, 분석에 사용되는 데이터의 샘플링 방법과 수집절차, 사용할 통계분석 전략 등을 제시하는 파트로 통상 '연구의 설계', '연구방법'이라는 제목을 주로 사용합니다.

많은 논문에서 연구모형과 가설에 관한 기술로 제3장을 시작하지만, 이 책에서는 제2장에 작성하는 형태로 이미 설명하였기 때문에 생략하도록 하겠습니다.

먼저, 연구설계 파트에서 반드시 제시되어야 하는 부분으로 연구모형에 투입되는 변수들의 조작적 정의와 측정방법, 사용한 측정도구의 출처 등이 있습니다. 이론적 배경에서 설명한 변수의 개념을 구체적으로 어떻게 조작적 정의하여 측정하였는지 기술하고, 어떤 측정도구를 사용하였는지, 측정된 도구는 선행연구에 의해 신뢰성과 타당성이 인정된 것인지를 명확하게 밝힙니다. 혹시 이 연구에서 처음으로 사용되는 도구라면 신뢰성과 타당성을 어떻게 확보할 것인지에 대한 설명이

필요합니다. 이 과정에서 설문도구를 사용한 경우 모든 설문항목을 일일이 밝혀야 하는가에 대해 질문하는 경우가 많습니다. 일반적으로 학위논문의 경우 논문 말미에 부록으로 설문지 자체를 첨부하는 경우가 대부분입니다. 하지만 분량 제한이 엄격한 학술논문의 경우 설문지 원문을 그대로 기술하기보다는 요약해서 간략히 제시하거나 때로는 생략하기도 합니다. 잘못된 측정에 기반한 데이터를 분석하여 논의하는 것은 아무런 의미가 없기 때문에, 심사자로 하여금 이 연구가 측정과정에서 오류가 없다고 판단할 수 있게 모든 변수에 대해 조작적 정의와 측정방식을 꼼꼼하게 작성해야 합니다. 따라서 중요성은 ☆☆☆입니다.

다음으로 연구설계 파트에서 꼭 다루어야 할 내용에는 연구 대상자료의 수집방법과 절차입니다. 대부분의 사회과학 연구에서 연구의 대상이 되는 모집단 전체를 조사하기는 어렵기 때문에 표본을 추출하여 연구하게 됩니다. 제3장에서는 표본은 어떤 방식으로 추출하였는지, 추출된 표본집단이 모집단의 특성을 얼마나 잘 대표할 수 있는지 설명되어야 합니다. 또한, 표본선정과 추출 과정 전반을 상세히 서술하여 심사자가 표본이 모집단의 특성을 적절히 대표하는지, 데이터 수집과정에서 윤리적 문제가 없었는지 등을 판단할 수 있게 하여야 합니다. 이를 위해 대부분의 연구에서는 표본의 인구통계학적 특성(예: 성별, 연령, 재직기간, 학력, 수입, 결혼여부 등에 대한 빈도분석 결과)을 밝히고 있습니다. 표본의 오류가 있는 경우 연구결과를 신뢰하기 힘들기 때문에, 거

의 모든 연구에서 이에 대한 설명을 포함하고 있음을 고려하여 ☆☆☆
로 평가합니다.

모집단과 표본

1. 모집단
모집단은 연구의 대상이 되는 전체 집단입니다. 예를 들어, 연구자가
우리나라 중학생의 키 성장에 영향을 주는 요인을 밝히는 연구를 설계
하고자 할 때 모집단은 우리나라의 중학생 전체입니다.

2. 표본
위와 같은 연구목적을 설정한 경우 현실적으로 우리나라의 모든 중학
생을 대상으로 현재의 키 및 관련된 요인들에 대해 조사하는 것은 불가
능합니다. 따라서 연구자는 특정 지역 또는 학교와 같이 전체 집단에서
추출한 일부 집단의 데이터를 가지고 연구를 수행하게 되며, 이때 모집
단의 특성을 추정하기 위해 선별된 집단이 표본입니다.

마지막으로 자료의 분석과정에 대한 서술을 포함할 수 있습니다. 이
연구에서는 어떠한 통계기법을 사용하는지, 통계분석의 순서는 어떻게
되는지 등을 설명합니다. 같은 통계기법을 사용하더라도 데이터의 투
입 순서나 세부 분석조건 설정 등에 따라 통계분석 결과가 달라질 수
있으므로 이에 대해 자세히 설명하고 왜 이런 방법을 택하였는지도 밝
혀야 합니다. 특히, 통상적으로 사용하지 않는 통계기법 등을 적용하는
경우 왜 이 기법을 사용하는지, 해당 통계기법에서 전제하고 있는 데이
터의 특성이 실제 사용하는 데이터의 특성과 일치하는지 등을 논증하

여야 합니다. 다만, 다수의 연구에서 보편적으로 사용하는 회귀분석이나 구조방정식 모형과 같은 방법의 경우 이러한 설명이 생략될 수도 있기 때문에 ☆☆로 평가하였습니다.

대표적인 영향관계 통계분석 방법

여기에서는 일반적으로 논문에서 변수 간 영향관계 검증에 가장 흔하게 사용하는 회귀분석과 구조방정식 모형에 대해서 개념 정도만 간략히 소개하겠습니다.

1. 회귀분석

회귀분석은 독립변수와 종속변수의 영향관계를 분석하기 위해 가장 일반적으로 사용되는 통계분석 방법입니다. 구체적으로 들어가면 분석 대상 변수의 특성이나 계수 추정방식에 따라 매우 많은 종류의 회귀분석방법이 있지만, 여기서는 간단하게 회귀분석이란 여러 가지 방법에 의해 회귀식을 추정하여 독립변수가 한 단위 변화할 때 종속변수가 얼마나 변화하는지 추정해내는 기법 정도로 이해하시면 됩니다. 독립변수가 하나만 사용된 회귀분석을 단순회귀분석이라 하고, 독립변수가 두 개 이상 활용된 회귀분석을 다중회귀분석이라고 합니다(현실적으로 독립변수를 하나만 투입하는 경우는 거의 없기 때문에 대부분의 논문에서 다중회귀분석을 사용합니다).

2. 구조방정식 모형

회귀분석이 단순히 변수 간 영향관계를 추정하는 기법이라면, 구조방정식 모형은 요인분석과 회귀분석(경로분석이라고도 합니다)을 통합하여 시행하는 기법입니다. 구조방정식 모형의 경우 분석과정에서 회귀분석보다 다양한 오차를 고려하기 때문에 좀 더 오류의 가능성을 줄일 수 있으며, 무엇보다 회귀분석은 한 번에 하나의 종속변수만을 분석할 수 있지만(독립변수는 여러 개 활용 가능), 구조방정식 모형은 한 번에 여러 개의 종속변수에 대한 분석을 시행할 수 있다는 차이가 있습니다. 다만, 회귀분석과 구조방정식 모형 중 어떤 방법을 선택할 것인지는 연구자가 연구의 목적, 데이터의 특성 등을 고려하여 적절히 선택하는 것이므로, 어느 분석방법이 더 우월하다고 말하기는 어렵습니다.

4. 분석결과

☆☆☆   측정도구의 신뢰도와 타당도 분석
☆☆   기술통계와 상관관계 분석
☆   집단 간 평균 차이 분석
☆☆☆   가설검증을 위한 분석결과
☆☆☆   분석결과 논의 / 논의 및 결론에서 다루기도 함

제4장에서는 데이터를 여러 가지 통계기법을 통해 분석한 결과를 보고하게 되며, '연구결과'라는 제목을 사용하기도 합니다.

초보 연구자들이 가장 두려움을 느끼는 장이기도 하지만, 한번 통계적 기법에 익숙해지면 가장 쓰기 쉬워지는 파트이기도 합니다. 통계결과의 리포팅은 하나의 약속이며, 정해진 방식대로 정확하게 작성하기만 하면 되기 때문입니다. 운전면허를 처음 딸 때는 어렵지만 숙달되고 나면 운전이 쉬워지는 것과 마찬가지라고 할 수 있겠네요.

분석결과를 작성하는 방법은 어떤 통계적 방법을 사용했는가에 따라

매우 다양합니다. 이 책에서 일반적으로 가장 널리 사용되는 설문자료를 회귀분석의 방법으로 분석한 논문의 통계분석 결과를 어떻게 기술하는지 간략하게 설명하겠습니다.

먼저 설문조사로 활용한 연구의 경우 사용된 설문도구가 신뢰도와 타당도를 갖추었는지에 대한 분석결과를 제시하여야 합니다. 일반적으로 신뢰도 분석에는 크론바흐 α 값이 일반적으로 활용되며 0.7 이상인 경우 내적 신뢰도를 갖추었다고 평가됩니다. 타당도 분석에는 크게 탐색적 요인분석과 확인적 요인분석이 있는데, 일반적으로 선행연구에 의해 확립된 설문도구를 사용하는 경우 탐색적 요인분석을 통해 이 연구에서도 변수 간 요인구조가 뚜렷하게 구분되는지 정도를 제시하면 됩니다. 만약 기존 연구의 설문도구를 상당 부분 수정하여 활용하였거나, 새로운 설문도구를 만들었다면 탐색적 요인분석이 아니라 확인적 요인분석 결과를 통해 타당도가 확보되었음을 명확히 보여주어야 합니다. 일부 학위논문 또는 학술논문에서 측정도구의 타당도와 신뢰도를 보고하지 않는 경우를 볼 수 있는데, 신뢰도와 타당도가 확보되지 않은 측정값에 대한 분석결과는 신뢰할 수 없습니다. 따라서, 가설 검증 전에 반드시 신뢰도, 타당도 검증 과정을 거치는 것이 좋습니다. 이 과정을 생략할 경우 심사과정에서 지적 받을 가능성도 매우 높고, 어렵게 작성한 논문이 반려될 수도 있기 때문에 ☆☆☆에 해당된다고 봅니다.

탐색적 요인분석과 확인적 요인분석

요인분석은 측정된 설문항목간의 상관관계를 파악하여 유사한 항목끼리 공통요인으로 분류하는 작업입니다. 예를 들어 브랜드 만족도와 디자인 만족도, 그리고 재구매 의도라는 3가지 변수를 변수 1개당 4가지 설문, 총 12가지 설문으로 측정하였다고 가정하겠습니다. 이 도구가 타당성을 확보하기 위해서는 요인분석 결과 12개의 설문항목이 총 3가지의 요인으로 분류되어야 하며, 각각의 개념에 해당하는 항목들이 하나의 요인으로 묶여야 합니다. 즉 브랜드 만족도를 평가하는 4가지 설문이 하나의 요인으로, 디자인 만족도를 평가하는 4가지 질문이 또 하나의 요인으로, 재구매 의도를 측정하는 4가지 설문이 마지막 요인으로 묶여야 합니다. 구체적으로는 요인분석 방식에 따라 탐색적 요인분석과 확인적 요인분석으로 구분할 수 있습니다.

1. 탐색적 요인분석

전체 항목 간의 구조적 관계가 불분명한 경우 전체 설문항목을 대상으로 실행하는 요인분석 방법입니다. 분석을 실행하면 전체 설문항목이 유사성을 가지는 몇 개의 요인으로 분류되어 나타나며, 이 중 의도하지 않은 요인으로 분류된 경우(예를 들어 리더십을 측정하기 위한 설문항목 중 하나가 직무만족의 설문과 같은 요인으로 분류된 경우)나, 요인분류가 적절하게 이루어졌지만 요인적재량이 너무 작은 경우(일반적으로 0.4 이하) 해당 설문항목을 하나씩 삭제해 가면서 적절한 요인구조를 찾아가게 됩니다.

2. 확인적 요인분석

이미 선행연구에서 확립된 이론이나 가설들에 따라 설문항목들을 미리 각 요인별로 분류해 놓고, 가정적으로 분류된 이 요인모델이 적합한

가를 평가하는 요인분석 방법입니다. 탐색적 요인분석 방법에 비해 분
석방법이 어렵고, 통과해야 하는 기준치들도 많습니다.

신뢰도와 타당도 평가를 통해 부적절한 설문항목들을 제외하고 난
뒤, 각 변수들의 기술통계 값을 제시해 주는데, 일반적으로 평균값과
표준편차 정도를 보고합니다. 기술통계값은 반드시 리포팅해야 되는
것은 아니지만, 이를 통해 전반적인 데이터의 분포 등을 평가할 수 있
기 때문에 생략할 경우 추가하라는 지적이 있을 수 있습니다. 따라서
☆☆로 평가하겠습니다. 상관관계 분석은 두 변수가 서로 관련성이 있
는 정도, 즉 하나의 변수가 증가할 때 다른 변수가 변화(증가 또는 감소)
하는 정도에 관한 분석입니다. 상관관계 분석은 변수 간의 상호관련성
은 평가할 수 있지만 영향관계의 방향을 파악할 수 없다는 점(A 변수가
변화할 때 B 변수 역시 일정량 증가 또는 감소하지만, 영향력의 방향이 A →
B인지 B → A인지는 알 수 없습니다. 예를 들자면 상관의 리더십과 조직성과
가 유의한 (+)의 상관관계가 있다면 리더십이 강화되면 성과 역시 향상되고
리더십이 약화되면 성과도 줄어들지만, 리더십이 성과에 영향을 미치는 것인지
성과가 리더십에 영향을 미치는 것인지는 상관관계 분석만으로는 결론을 내릴
수 없습니다), 두 변수의 관계만 알 수 있을 뿐 다른 변수가 개입되는
경우의 변화는 알 수 없다는 점에서 회귀분석과 같은 영향관계 분석

기법과 차이가 있습니다. 하지만 상관관계 분석 및 이에 따른 상관계수는 변수 간 영향관계를 미리 탐색해 볼 수 있는 자료라는 점에서 의미가 있으며, 생략할 경우 종종 리포팅 해줄 것을 요구하는 지적을 받기도 하므로 ☆☆에 해당된다고 보았습니다.

집단 간 차이에 대한 분석은 주로 연구의 목적에 해당되는 종속변수의 값이 인구통계학적 집단에 따라 차이가 있는지를 알아보는 분석입니다. 예를 들어, 앞서 예시한 적극행정에 관한 연구의 경우, 남성 공무원과 여성 공무원의 적극행정 인식 정도에 관한 차이가 있는지, 9급부터 3급까지 직급별로 적극행정 인식 정도에 차이가 있는지, 재직연도에 따라서도 차이가 있는지, 그리고 이러한 차이가 통계적으로 유의미한지 등을 분석하게 됩니다. 집단 간 차이 분석은 논문 성립에 있어 필수적 요소는 아니지만, 때론 이를 통해 유의미한 시사점이 발굴될 수도 있습니다. 예를 들어, 9급과 8급, 5급과 4급 공무원의 적극행정 인식은 높은 반면, 6급과 7급 공무원의 적극행정 인식이 낮다면 6, 7급의 업무 특성과 관계된 요인이 부정적 적극행정 인식에 영향을 미쳤을 것이라 추론하여 후속연구에 활용할 수 있겠죠. 또한, 실천적인 측면에서도 6, 7급을 대상으로 한 적극행정 홍보 및 교육 강화가 필요하다는 등의 정책대안을 제시할 수도 있습니다. 집단 간 차이 분석은 분량제한에서 자유로운 학위논문의 경우 대부분 제시하고 있지만, 학술논문에서는 생략되는 경우가 많고, 특별한 사유가 없다면 심사자들이 제시할 것을 요구하지 않기 때문에 ☆로 분류하였습니다.

제4장의 마지막에서는 논문의 가설을 검증하기 위한 영향관계 분석 결과(주로 회귀분석이나 구조방정식 모형)를 제시하게 됩니다. 대부분의 초보 연구자들은 작성하기 위해 많은 배경 지식이 필요한 통계분석이 가장 중요하다고 생각하겠지만, 통계분석 결과는 합의된 방식에 의해 객관적 수치 중심으로 기술하기 때문에 연구자 간 차이가 거의 없고 서술하기도 쉽습니다. 여기서는 가장 많이 활용되는 분석기법인 회귀 분석을 기준으로 설명하도록 하겠습니다. 회귀분석의 결과 리포팅에 주로 활용되는 요소들에는 다음과 같은 것들이 있습니다.

① 모형적합도: 종속변수를 설명하기 위한 회귀모형이 적절한지에 대한 통계입니다. 모형적합도의 유의도(p값)가 0.05 이상인 경우에는 이 회귀모형은 적절하다고 평가할 수 없고 이 모형의 결과값으로 변수 간의 관계를 추정할 수 없습니다.

② 설명력(R^2): 설명력이란 회귀모형이 투입된 독립변수들이 종속변수를 얼마나 잘 설명해 주는지를 보여주는 지표입니다. R^2가 0.5인 경우 독립변수들은 종속변수를 50% 설명한다고 하며, 설명력이 높을수록 독립변수들이 종속변수를 잘 설명하는 것이기 때문에 모형의 안정성이 높고 연구결과를 신뢰할 수 있습니다. 설명력이 10% 미만으로 지나치게 낮다면 변수 간 관계가 유의한 것으로 분석되었다 하더라도 신뢰하기가 어렵습니다. 종속변수의 90%에 해당하는 요인들이 아직 회귀분석에 투입되지 않은 상태이므로 다른 변수가 추가될 경우 분석결과가 달라질 가능성이 크기 때문입니다.

③ 비표준화계수(B) : 독립변수가 한 단위 변화할 때 종속변수는 얼만큼 변화하는지를 나타내는 수치입니다. 비표준화계수가 0.687인 경우 독립변수가 한 단위 변화할 때 종속변수는 0.687 증가한다는 의미이며, 반대로 ‒0.687일 경우에는 독립변수가 한 단위 변화하면 종속변수가 0.687만큼 감소함을 의미합니다. 보통 표준오차와 함께 논문에 기술됩니다.

④ 표준화계수(β) : 비표준화계수를 평균 0, 표준편차 1을 기준으로 표준화한 것입니다. 표준화계수는 종속변수에 대한 독립변수의 영향력을 비교하는 데 주로 사용됩니다. 예를 들어 A 독립변수의 표준화계수는 0.3, B 독립변수의 표준화계수가 0.6이면 B 독립변수는 A 독립변수보다 종속변수에 대해 두 배 더 큰 영향력을 가진다고 평가할 수 있습니다.

⑤ t값과 p값: 비표준화계수의 통계적 유의성 검증을 위한 수치입니다. 일반적으로 p값이 0.05 이하인 경우 해당 독립변수는 종속변수에 통계적으로 유의한 영향력을 가진다고 평가합니다. 만약 p값이 0.05 이상인 경우(앞서 설명한 바와 같이 0.1을 기준으로 하는 경우도 있습니다). 비표준화계수의 영향력은 통계적으로 유의하지 않으며, 독립변수가 종속변수에 영향을 미치지 않는 것으로 판단합니다.

⑥ Durbin-Watson 지수: 회귀분석의 전제조건인 오차항의 자기상관 판단에 활용되는 수치입니다. 2에 가까울수록 좋으며 일반적으로 1.5 ~ 2.5 사이에 있다면 문제는 없습니다. 만약 기준치를 충족하지 못한다면 분석결과를 그대로 사용해서는 안 되며, 자기상관이 의심되는 변수 중 하나를 삭제하는 등의 모형 수정이 필요합니다.

⑦ 다중공선성(VIF 지수): 회귀분석에 투입된 독립변수들 간의 상관관계가 너무 커서 회귀분석 결과에 오류가 발생하는 것을 다중공선성의 문제라고 하는데, 이를 판단하는 데 사용되는 기준이 VIF 지수입니다. 일반적으로 VIF 지수가 10 이하라면 다중공선성의 문제는 없다고 판단합니다. 이 역시 기준치를 초과한다면 모형의 수정이 필요할 수 있습니다.

   회귀분석 결과는 위의 요소들을 포괄하여 하나의 표로 제시하는 경우가 일반적이며, 표에 해당하는 주요 수치들을 글로 다시 리포팅하는 형태로 작성이 됩니다. 최종적으로는 각 독립변수별 비표준화계수의 방향(+, -)과 이에 대한 유의도($p <= 0.05$)를 고려하여 비표준화계수가 양수이며 $p <= 0.05$인 경우 독립변수는 종속변수에 유의한 정적 영향을 미친다고 표현하며, 비표준화계수가 음수이며 $p <= 0.05$이면 독립변수는 종속변수에 유의한 부적 영향을 미친다고 기술합니다. $p > 0.05$ 이면 비표준화계수값에 무관하게 독립변수는 종속변수에 유의한 영향을 미치지 않는다고 판단합니다. 이 부분은 양적연구의 가장 핵심에 해당하므로 중요도는 당연히 ☆☆☆입니다.

   연구에 따라 제4장에서 통계분석결과와 함께 이 결과에 대한 논의와 해석을 함께 다루는 경우도 있고, 제5장 논의 및 결론에서 통합하여 다루는 경우도 있습니다. 일반적으로 분량이 자유로운 학위논문에서는 통계결과에 대한 좀 더 풍부한 해석을 하기 위해 논의 파트를 제4장에서 서술하는 경우가 많고, 상대적으로 제한된 분량을 사용해야 하는 학술논문에서는 논의를 제5장 결론과 통합하는 경우가 많습니다. 아무래도 초보 연구자에게는 학술논문보다 학위논문이 문제가 되는 경우가 많기 때문에 이 책에서는 논의 부분을 제 4장 말미에서 다루는 형태로 설명하겠습니다.

앞서 설명하였듯이 연구설계와 분석결과는 대부분의 연구자들이 사전에 합의된 규칙에 따라 서술하기 때문에 통계적 오류만 없다면 논문별로 큰 차이가 없습니다. 오히려 논문의 질을 결정하는 것은 분석결과에 대한 논의와 이를 통해 도출하는 이론적, 정책적 시사점입니다. 같은 통계결과를 얻었더라도 이를 어떻게 해석하고 의미를 부여하는가에 따라 연구의 질은 천차만별이 되기 때문입니다.

그럼 연구결과에 대한 논의는 어떻게 진행해야 할까요? 가장 먼저 해야 할 것은 논의의 중심이 되는 핵심 포인트를 결정하는 것입니다. 모든 통계결과를 일일이 해석할 필요는 없기 때문에, 연구자가 보기에 본인이 제시한 통계결과 중에 가장 큰 의미를 가지고 생각되는 포인트를 2~4가지 정도 결정하여 이것을 중심으로 논의하는 것이 좋습니다. 물론, 5위 일체의 관점에서 논의의 포인트는 연구 필요성과 차별화 포인트와 연계되는 것이 좋습니다. 앞의 예로 돌아가 보겠습니다. 학교장의 서번트 리더십이 구성원 신뢰에 미치는 영향에 대한 연구에서는 논문의 차별화 포인트가 학교라는 연구의 대상입니다. 따라서 논의는 학교에서 서번트 리더십이 구성원 신뢰에 어떤 영향을 미치는 것으로 나

타났는지, 이것은 다른 조직을 대상으로 한 선행연구의 결과와 일치하

는지 비교하여 논의하는 것이 좋습니다. 만약 선행연구와 일치되는 결

과를 얻었다면 이것은 어떤 의미를 가지는지 설명하여야 하고, 만약 선

행연구와 상반되는 결과를 얻었다면, 왜 상반되는 결과가 나타났는지

연구대상 기관의 특성 등을 고려하여 설명하여야 합니다. 주의할 점은

통계분석과 달리 이 부분에 대한 기술은 확인된 사실이 아니라 연구자

의 추정이기 때문에 단정적인 표현을 사용할 경우 지적을 받을 수 있

다는 것입니다. "본 연구에 나타난 선행연구와 상반된 결과는 연구대상

의 … 특성을 반영하는 결과로 추정할 수 있다(혹은 추론 가능하다)" 등

으로 표현해야 합니다. "본 연구에 나타난 선행연구와 상반된 결과는

연구대상의 … 특성을 반영하는 결과이다"와 같은 단정적 표현은 지적

의 대상이 될 수 있습니다. 이 과정에서 또 하나 주의해야 할 점은 연

구결과에 대한 해석과정에서 주관보다는 최대한 선행연구에 근거한 추

론이어야 한다는 점입니다. 앞의 예시에서 연구자가 학교영역에서 서

번트 리더십이 다른 조직과 다르게 작동하는 이유를 학교에 존재하는

A라는 특유한 조직문화 때문이라고 추정하고자 한다고 가정하겠습니

다. 이때 연구자는 임의로 A 조직문화가 학교조직의 특성이라고 주장

하여서는 안 되며, 학교의 조직문화와 관련된 선행연구를 인용하여 주

장해야 설득력을 갖출 수 있습니다. 따라서 연구결과에 대한 풍부한 해

석을 하기 위해서는 연구주제와 관련된 선행연구의 폭넓은 학습이 필

수적입니다. 연구결과에 대한 해석은 논문 성립의 핵심요소이므로 중
요도는 당연히 ☆☆☆입니다.

5. 결론

☆☆☆   논의 / 분석결과에서 다루기도 함
☆☆   연구결과의 요약
☆☆☆   연구결과의 시사점(이론적 측면 / 실무적 측면)
☆☆☆   연구의 한계와 후속연구방향

　앞서 설명한 것처럼 논의, 즉 통계분석 결과에 대한 연구자의 해석
은 '4. 분석결과' 말미에 기술하는 경우도 있지만, 최근에는 주로 결론
과 통합하여 마지막에 서술하는 논문이 많습니다. 특히 최근의 학술논
문들이 대부분은 이런 형태를 취하고 있습니다.

　논의를 제4장에서 기술하지 않은 경우 제5장의 제목을 '5. 논의 및
결론'으로 하고, 통계결과에 대한 논의로 시작합니다. 만약, 연구결과에
대한 논의를 제4장 '분석결과'에 이미 기술하였다면, '5. 결론'은 대부분
연구결과의 핵심을 요약하여 제시하는 것으로 시작됩니다. 하지만, 논
의와 결론을 통합하여 기술하는 방식을 취할 경우 핵심적인 연구결과
에 대한 해석을 직전까지 기술하였기 때문에 또다시 연구결과를 요약
할 필요는 없습니다. 따라서 중요도를 ☆☆로 평가하였습니다.

　결론의 가장 중요한 부분은 이 연구의 이론적, 실천적(실무적, 정책적)

시사점을 제안하는 것입니다. 연구자 스스로 본인의 연구에 대한 가치를 부여한다고 생각하시면 됩니다. 연구의 목적과 주제에 따라 이론적 시사점이 부각될 수도 있으며, 때로는 정책적 시사점에 주안점을 둘 수도 있습니다. 중요한 것은 연구의 필요성과 연계하여 차별화 포인트를 다시 한번 강조해주는 것입니다. 구체적인 방식은 앞에서 설명했기 때문에 생략하겠습니다. 너무 겸손한 마음으로 스스로의 연구를 낮게 평가할 필요도 없지만, 지나치게 과장하여 기술할 경우 수정하라는 지적을 받기도 합니다(필자의 경우 하나의 논문에서 한 심사자에게 연구의 시사점이 훌륭한데 더 부각시키라는 지적을 받았는데, 동시에 다른 심사자로부터 너무 허황된 시사점을 제시했다는 지적을 받은 경험이 있습니다. 그만큼 매우 주관적인 영역이기도 합니다). 앞서 강조하였듯이 정책적 시사점은 철저하게 통계분석 결과에 기초하여야 하며, 통계분석과 관계없는 정책 대안은 아무리 훌륭한 방안이더라도 논리적 전개를 훼손하기 때문에 거론하지 않아야 합니다. 이 부분은 5위 일체의 핵심요소 중 하나이자 논문의 핵심에 해당하므로 중요도는 역시 ☆☆☆입니다.

초보 연구자들이 쉽게 간과하는 것이 바로 연구의 한계입니다. 필자 역시 논문을 작성할 때마다 '내 연구의 약점을 스스로 굳이 강조해야 하나?'라는 내적갈등을 겪습니다. 하지만, 완벽한 연구방법은 없으며, 모든 연구는 오류의 가능성을 내포하고 있기 때문에 연구자가 이러한 오류의 가능성을 인지하고 고려하였는지는 연구의 완성도에 상당한 영향을 미치게 됩니다. 따라서, 연구의 한계점에 대해서도 명확하게 논의하는 것이 좋습니다. 구체적인 한계점은 연구마다 모두 다르지만, 일반적으로 1회의 설문조사를 통해 수집한 자료를 분석한 연구는 아래와 같은 한계점을 가집니다. 연구의 한계 역시 생략할 경우 거의 대부분 심사과정에서 지적을 받게 되므로 ☆☆☆을 부여했습니다.

설문조사 연구의 일반적 한계점

1. 연구결과의 일반화의 한계

연구대상 모집단 전체에 대한 설문조사는 현실적으로 불가하므로 대부분의 연구가 추출된 일부 표본을 대상으로 실시됩니다. 표본 추출과정에서도 완벽한 임의 표집(모든 표본이 선택될 확률이 동일하게 하여 무작위 추출하는 방법)은 대부분 불가능하므로, 연구자가 편의에 의해 선택한 일부 표본의 데이터를 분석한 연구결과를 섣불리 일반화하기 어렵다는 한계가 있습니다. 따라서 여러 표본을 활용한 후속 연구를 통해 연구결과가 유지되는지 확인할 필요가 있습니다.

2. 횡단적 연구의 한계

설문조사 방식은 보통 특정 시점에서 대상자에게 1회 설문을 배포하여 자료를 수집하는데 이러한 방식을 횡단적 조사라고 합니다. 반대로 여러 시점에서 수집된 자료를 분석하는 방법을 종단적 조사라고 합니다. 횡단적 조사는 다양한 변수 간의 상호작용을 분석할 수 있다는 장점이 있지만, 시간에 따른 변화를 파악하기 어려우므로, 원인과 결과를 명확하게 파악할 수 없다는 한계가 존재합니다(따라서, 횡단적 연구에서는 인과관계라는 용어를 사용하기 어렵고, 영향 관계나 상관관계로 표현하는 경우가 대부분입니다). 따라서 다양한 시점에서의 조사를 통한 후속연구나 시계열 자료를 이용한 후속연구를 통해 연구결과가 유지되는지 확인할 필요가 있습니다.

3. 연구모형상의 한계

현실적으로 종속변수에 영향을 미칠 수 있는 모든 변수를 발굴하여 연구모형을 구성한다는 것은 불가능합니다. 예를 들어, 음식점 매출에 영향을 줄 수 있는 요인에는 음식의 맛, 가격, 서비스 정도, 매장 분위기 등 무수히 많은 요소들이 있을 수 있는데, 매 연구에서 이러한 변인들을 모두 조사하여 연구한다는 것을 불가능합니다. 또한, 일부 변인에 따라서는 객관적인 측정이 자체가 어렵거나, 여러 가지 사유로 정확히 측정하지 못하여 연구모형에 포함할 수 없는 경우도 있습니다. 그렇기 때문에 모든 연구에는 고려되지 못한 요인에 의한 오류의 가능성이 존재하게 됩니다. 따라서, 연구의 한계 부분에서 연구에서 고려되지 못한 요인들에 대한 논의와 후속연구에서 이를 보완할 방법에 대해 논의하는 것이 좋습니다.

연구의 한계를 적시하였다면 이를 극복할 수 있는 후속 연구의 방향 또한 제시하는 것이 좋습니다. 논문의 성립에 필수적이라고 보기는 어렵지만 대부분의 논문이 후속 연구 방향을 제시하는 것으로 마무리되고 있다는 점을 고려하여 중요도를 ☆☆로 평가했습니다. 꼼꼼한 연구자가 작성한 후속연구 방향은 그 자체로 후행 연구자에게 좋은 연구 아이디어를 제공하는 경우가 많습니다. 필자의 경우 경찰을 대상으로 한 리더십 연구동향을 분석하는 논문을 읽었는데, 논문에서 경찰을 대상으로 하는 서번트 리더십 연구가 거의 없음을 지적하면서, 서번트 리더십이 경찰 조직 내에서 어떻게 작동되는지에 대한 실증연구가 필요하다고 주장하고 있었습니다. 여기서 아이디어를 얻은 필자는 경찰조직을 대상으로 서번트 리더십이 조직효과에 미치는 영향에 관한 연구를 설계하였고, 해당 연구는 3명의 심사위원 모두가 연구의 필요성을 강하게 긍정하였으며, 전원 일치로 '게재가' 판정을 받아 수정 없이 등재학술지에 게재되었습니다. 이처럼 전공과 관련된 논문의 말미만 잘 읽어보아도 좋은 논문 주제를 발굴할 수 있기 때문에 초보 연구자들은 막연히 연구주제를 고민하지 말고 우선 선행연구부터 열심히 읽기를 강력하게 추천합니다.

학술논문 심사에 대한 의견

  초보 연구자에게 참고가 될 수 있도록 등재학술지의 논문 심사의견의 종류에 대해서 간략히 알려드리겠습니다.

(1) 게재가: 수정 없이 현재 상태로 바로 게재할 수 있음을 의미
(2) 수정 후 게재: 게재를 허용하지만 일부 내용에 대한 수정을 권고(수정된 내용에 대한 재심사가 필요한 학술지도 있음)
(3) 수정 후 재심사: 심사위원이 제시한 수정사항에 따라 논문을 수정 후 수정된 내용을 각 심사위원이 재심사하여 게재 여부를 결정
(4) 게재 불가: 게재 하지 않음(수정 기회 없음)

제4장

파트별 실전 작성 요령

제4장

파트별 실전 작성 요령

자, 지금까지 이 책을 꼼꼼히 읽었다면 양적연구에서 논문을 어떤 구조(목차)로 구성하여야 하는지, 각 목차는 어떤 내용들을 포함하여야 하는지 충분히 이해하였을 것이라고 생각됩니다. 더불어 5위 일체의 중요성과 이 원칙을 통해 어떻게 논문을 논리적이고 체계적 작성하는지에 대한 감도 생겼을 것이라 예상합니다.

본 장에서는 앞에서 설명한 원칙에 입각해서 각 장은 어떤 순서로 구성하고 세부내용은 어떻게 작성하여야 하는지 상세한 사례와 함께 설명드리겠습니다. 이 책에서 사용되는 예시 논문은 대부분 최근 게재된 필자의 논문을 활용한 것입니다.

1. 서론 작성 요령

구성순서	작성 내용	중요도	추천 분량
1	연구주제의 중요성	☆	1문단
2	연구의 필요성	☆☆☆	2~4문단
3	연구방법의 개략적 소개	☆☆	1문단 이내
4	논문의 구성	☆	1문단 이내

(1) 연구주제의 중요성

앞에서 설명한 바와 같이 대부분의 국내 논문의 경우 서론을 연구주제의 중요성에 대한 간략한 현황 제시로 시작하는 경우가 많습니다. 실제 출판된 한 논문[1])의 서론부를 한번 살펴보겠습니다.

[연구주제의 중요성] Key Point: 연구주제와 관련된 사회적 환경의 변화, 학계의 관심 등을 서술하여 중요성을 자연스럽게 부각시킵니다. 다만, 문단 이내로 간략히 제시하도록 합니다.

최근 행정환경의 급속한 변화로 인해 더 이상 공무원들이 기존의 정형적·매뉴얼적 행정을 답습하거나, 표준운영절차(SPO)를 적용하여 해결하기 어려운 복잡한 문제들이 증가하고 있다(김호균, 2019). 이러한 상황에서 공무원들은 행정문제의 해결을 위해 수요자인 국민들의 요구

---

1) 장재성·전설희. (2024). 적극행정의 제약 요인이 공무원의 적극행정 인식에 미치는 영향: 조직공정성의 조절효과를 중심으로, 「한국행정학보」, 58(2): 163−188.

에 적절히 대응할 것을 요구받고 있으며, 이를 위해 기존의 주류적 행정방식인 소극적 법규준수에서 벗어나 유연하면서도 능동적으로 대처하는 적극적 행정으로의 전환이 강조되고 있다(조태준, 2019).

이 논문은 인사혁신처에서 적극행정의 제약요인으로 지목하고 있는 포상의 부족, 징계에 대한 부담, 제도에 대한 수용성, 관련 법규의 모호성이 실제 공무원의 적극행정 인식에 영향을 주는지 실증분석한 연구입니다. 위에서 보신 것과 같이 논문의 시작을 최근 정부의 적극행정 강조기조, 적극행정이 왜 중요한지와 같은 연구주제의 중요성을 간략히 언급하면서 자연스럽게 논의를 이끌어가고 있습니다. 이러한 방식의 서론 도입부 서술을 연구주제의 중요성을 강조하면서 자연스럽게 연구의 필요성으로 연계할 수 있다는 장점이 있습니다. 하지만, 앞서 강조하였듯이 서론부의 핵심은 주제의 중요성이 아니라 연구의 필요성이므로 연구주제의 중요성은 Ice Breaking용으로 한 문단 정도 간략히 서술하고 연구의 필요성으로 빠르게 넘어가야 합니다.

(2) 연구주제의 필요성

일반적으로 연구주제의 중요성에 대한 간략한 현황 제시 이후 연구의 필요성에 대해 언급하게 되는데 이 부분이 바로 서론부의 핵심이므로 초보 연구자들은 연구주제의 필요성을 서술하는 요령을 제대로 익혀야 합니다. 아래의 사례를 통해 연구 필요성에 대한 주장을 전개하는 방식을 살펴보도록 하겠습니다.

[연구의 필요성 제시] Key Point: 선행연구의 경향에 대한 간략한 요약을 통해 이 연구가 기존 연구와 어떤 점에서 차별화되는지 서술합니다.

　　같은 맥락에서 학계에서도 적극행정에 관한 연구가 활발하게 진행되고 있다. 특히, 정부에서 적극행정 문화 정착을 위해 「적극행정 운영규정」을 제정한 2019년부터 다양한 연구가 시도되고 있다(전설희·장재성, 2023). 적극행정에 관한 기존 연구의 접근은 크게 두 가지 방향으로 구분할 수 있다. 먼저 초기 연구로서 적극행정의 개념을 탐색하거나(김윤권 외 2021; 김호균, 2019; 박윤, 2019; 최무현, 2019), 제도적 관점에서 적극행정의 실질적 정착을 위한 개선방안을 논의하는 질적 연구들이 있다(이종수 2016; 조태준, 2019; 김형성·조경호, 2020). 두 번째는 적극행정에 관한 실증연구로서 적극행정에 관한 공무원의 인식수준을 분석하거나(조태준 외, 2020) 다양한 변수들과 적극행정의 관계를 다룬 연구들이다(강나율·박성민, 2019; 김재형 외, 2020; 이혜윤·박순애, 2021; 김성엽 외, 2022; 송성화·손지은, 2022; 전설희·장재성, 2023).

　　이처럼 최근에 공무원의 적극행정에 관한 실증연구들이 시도되고 있으나, 이러한 연구들은 대부분 변혁적·서번트 리더십(김재형·박성민, 2020; 김성엽 외 2022), 조직문화(강나율·박성민, 2019; 전설희·장재성, 2023), 조직공정성(송성화·손지은, 2022; 전설희·장재성, 2023), 공공봉사동기(김수빈 외, 2023)와 같은 학술적 변수와 적극행정의 관계를 분석하고 있다. 이러한 연구들이 적극행정에 영향을 미칠 수 있는 요인들을 발굴함으로써 적극행정에 대한 이해를 제고하고, 적극행정의 촉진을 위한 정책적 시사점이나 처방을 도출하는 근거가 될 수 있는 것은 분명하지만, 적극행정 제도의 실제 운영과는 다소 거리가 있는 접근이라는 한계도 있다. 하지만, 적극행정과 관련된 제도적 요소들이 적극행정에 실제 어떤 영향을 미치는지에 대한 연구는 찾아보기 어려운 실정이다. 본 연구에서는 위와 같은 문제인식에서 실제 적극행정의 저해요소로 지목된 요인들과 적극행정의 관계에 관한 실증분석을 수행하고자 한다. 인사혁신처(2019)에서는 적극행정의 저해요인을 '법령', '인식 · 관행', '보상 등 인센티브', '감사'로 구분하고 세부요인으로 경직적 법령구조와 재량의 제약, 적극행정에 대한 인식 부족, 적극행정에 따른 인센티브의 부족, 감사에 대한 두려움과 책임의 귀속 등을 제시한 바 있다. 본 연구에서는 이들이 실제 공무원들의 적극행정 인식에 영향을 미치는지 중앙행정소속 기관 공무원 356명으로부터 수집한 설문자료를 분석하여 검증하고자 한다. 이러한 시도는 학술적으로도 의미가 있으나 주무부처인 인사혁신처에서 지목한 제약요인과 적극행정의 관계를 실증한다는 점에서 실천적으로 더 큰 의미가 있다. 연구결과에 따라 정책 방향을 수정하거나, 정책 우선순위를 조정하는 근거로 활용될 수 있기 때문이다.

장재성 · 전설희. (2024), '적극행정의 제약 요인이 공무원의 적극행정 인식에 미치는 영향:조직공정성의 조절효과를 중심으로' 中

앞서 설명하였듯 연구의 필요성은 결국 이 연구가 기존 연구와 차별화 되는 점, 즉 어떤 측면에서 New point를 가지고 있는지를 밝히는 것입니다. 위 예시에서는 연구의 필요성을 어떻게 표현하고 있나요? 적극행정에 관한 기존의 실증 연구 경향을 분석하였더니 대부분의 연구가 변혁적 리더십, 조직공정성, 공공봉사동기와 같은 학술적 변수와의 관계를 검증한 것이었다고 밝히고 있습니다. 연구 경향 분석을 토대로, 이 연구는 기존 연구가 가지는 한계점과 주무 부서인 인사혁신처에서 지목한 실질적 제약요인과 적극행정의 관계를 분석한다는 이 연구의 차별화 포인트를 자연스럽게 드러내고 있습니다. 이렇게 서론에 가급적 연구주제에 대한 간략한 연구동향을 서술해 주면서 관련 선행연구가 미흡함을 제시하는 것은 대부분의 연구에서 연구의 필요성을 부각하기 위해 사용하고 있는 전략이라고 할 수 있습니다. 아울러 이 연구에서는 선행연구의 부족 외에 연구결과가 실제 정책에 반영될 가능성이 크다는 점을 강조하면서 학술적 의미 외에 실천적 의미도 크다는 점을 어필하였습니다.

덧붙여 본 연구에서는 제도적 요인이 적극행정 인식에 미치는 영향을 좀 더 입체적으로 분석하기 위해 조직공정성 인식을 조절변수로 활용하여 분석하고자 한다. 조직공정성은 선행연구에서 적극행정에 유의한 영향을 미치는 요인으로 실증되었을 뿐만 아니라(송성화·손지은,

2022; 전설희·장재성, 2023), 조직의 보상이나 절차 등의 형평한 정도에 대한 인식이라는 개념상 포상과 적극행정의 관계에서 차별적 영향을 미칠 가능성이 있다고 판단되며(Greenberg, 1990), 조직에 대한 신뢰나, 구성원의 적극성, 직무태도 등 전반에 중요한 영향을 미치는 변수이므로(Choen-Charash & Spector, 2001), 적극행정 연구에서 조절변수로 활용하기에 적절하다고 판단하였다.

장재성·전설희. (2024), '적극행정의 제약 요인이 공무원의 적극행정 인식에 미치는 영향: 조직공정성의 조절효과를 중심으로' 中

위 사례에서는 추가적인 연구의 필요성으로 조직공정성의 조절효과 모형을 검증한다는 것을 강조하고 있습니다. 사실 기존에 검증되지 않은 새로운 변수(적극행정의 제약요인)와 적극행정의 관계를 검증하는 것만으로도 연구의 필요성은 충분히 인정되지만, 이렇게 매개 또는 조절효과를 추가로 탐색하는 연구모형을 설정할 경우 연구의 필요성과 차별성을 좀 더 어필할 수 있습니다. 앞에서 설명한 연구주제 발굴 요령 중 두 번째 요령, 변수 간 새로운 관계를 설정하는 방법에 의해 연구주제를 발굴, 서술하는 방법의 전형적인 예시라고 할 수 있습니다. 특히, 독립변수만 새롭게 연구모형에 추가한 것이 아니라, 기존에 검토되지 않은 조절모형을 추가도 병행함으로써 연구의 필요성을 더욱 강화하는 방식을 사용하였습니다.

(3) 연구방법과 논문의 구성

다음으로 서론의 핵심요소는 아니지만 자주 언급되는 연구방법의 소개와 논문의 구성 방식 서술을 살펴보겠습니다.

[연구방법과 논문의 구성 소개] Key Point: 생략하여도 무방하지만, 독자의 원활한 이해를 돕기 위해 간략하게 서술해 줍니다.

> 본 연구에서는 적극행정의 제도적 제약요인이 실제 공무원들의 적극행정 인식에 영향을 미치는지 중앙행정소속 기관 공무원 356명으로부터 수집한 설문자료를 분석하여 검증하고자 한다.
>
> 이 연구는 다음과 같이 구성되었다. 먼저 연구대상인 적극행정과 제도적 제약요인, 조직공정성을 이론적으로 검토하고, 선행연구들을 통해 변인간 관계에 대한 가설을 설정한다. 다음으로 본 연구의 모형과 설계, 분석 방식에 대해 논의하고, 실증분석을 통해 가설을 검증한다. 마지막으로 분석결과의 함의와 정책적 시사점을 논의한다. 마지막으로 본 연구의 한계와 함께 후속연구 방향에 대한 제언으로 논문을 마무리하고자 한다.
>
> 장재성 · 전설희. (2024), '적극행정의 제약 요인이 공무원의 적극행정 인식에 미치는 영향:조직공정성의 조절효과를 중심으로' 中

이 연구에서는 일반적으로 조절효과 분석에 널리 사용되는 위계적 회귀분석 방법을 사용하였기 때문에 굳이 분석방법을 서론에서 강조하지는 않았으며, 어떤 데이터를 사용하여 검증하였는지 정도만 간략하게 소개하고 있습니다. 물론 여기에 위계적 회귀분석 방법에 의한 조절효과 검증 방법(절차와 장점, 선행연구에서 활용된 사례 등)에 대한 간략한 설명을 추가하여도 무방합니다.

서론의 마지막은 이 논문의 구성 방식에 대해 간단히 요약, 제시하는 것으로 마무리되고 있습니다. 하지만 앞서 설명한 것처럼 이 부분은 삭제해도 논문의 성립이나 구성에 큰 영향을 주지는 않습니다.

서론부에 대한 설명을 마무리하기에 앞서 가장 중요한 부분인 연구의 필요성에 대해 서술한 예시를 하나 더 살펴보고자 합니다.

경찰활동에 있어 절차적 정의는 경찰 정당성(police legitimacy) 이론과 관련하여 발전한 개념이다. 기존의 억제이론이 합리적 인간관을 전제로 처벌의 확실성과 강도가 높을 때 시민들이 법을 준수한다고 보았다면(Becker, 1968), 경찰 정당성 이론에서는 처벌에 대한 두려움이 아니라 경찰활동이 합법적 권위(legal authority)를 가지고 있을 때 사람들이 법을 준수하는 것으로 본다(Tyler, 2004). 따라서 효율적 질서유지를 위해서는 처벌보다는 경찰활동이 합법적이며 정당하다는 인식을 강화해야 하는데, 경찰 정당성에 영향을 주는 변수이자 유력한 실천 방안이 바로 절차적 정의에 입각한 경찰활동이다. 즉, 경찰활동이 절차적으로 공정하다면 경찰 정당성에 대한 인식이 강화되고, 이는 시민들의 법준수 의사와 경찰에 대한 협력의사에 긍정적 영향을 준다는 것이다 (Tyler, 1990; 라광현, 2018). 경찰 정당성 이론은 서구 선진국을 중심으로 여러 실증연구를 통해 지지를 받고 있으며(Tyler & huo, 2002; Tyler & Sunshine, 2003; Hinds & Murphy, 2007; Reisig et al., 2007; Murphy et al., 2008; Mazerolle et. al., 2012), 국내 선행연구에서도 경찰활동의 절차적 공정성이 시민들의 법준수, 협력의사와 신뢰 등에 긍정적 영향을 미치는 것으로 나타났다(류준혁, 2015; 최대현, 2017; 임창호, 2020). 경찰 정당성 이론에서 법준수와 협력의사는 경찰의 절차적 정의를 인식한 시민들의 대응으로 볼 수 있다.

그렇다면 반대로 경찰관의 절차적 정의 인식은 경찰의 행정대응성에 어떤 영향을 미치는가? 절차적 정의에 대한 인식이 높은 경찰관은 경찰활동에 있어서 시민의 이익과 요구를 반영할 가능성이 더 높은가? 이와 같은 질문에 대하여 현재까지 이루어진 선행연구 결과만으로는 충분한 답변이 곤란하다. 첫째는 절차적 정의와 경찰 정당성 이론에 대한 연구의 대부분이 시민들의 인식을 중심으로 이루어진 관계로, 경찰관의 절차적 정의 인식에 관한 연구 자체가 매우 제한적이기 때문이다. 둘째, 행정학적 관점에서 일선경찰관의 실질적인 정책집행과 행정서비스의 전달과정에서 경찰관의 절차적 정의 인식이 행정가치 실현을 위한 어떠한 실천적인 노력으로 이어질 수 있는지를 규명한 연구가 충분히 이루어지지 못하였기 때문이다. 이러한 관점에서, 본 연구에서는 일선 경찰관 441명의 설문자료를 실증적으로 분석하여 경찰관의 절차적 정의에 대한 인식이 행정대응성에 어떤 영향을 미치는지 검증하고자 한다.

한편, 이 과정에서 재량권의 역할이 매우 중요하게 작동할 수 있다. 법집행기관이자 단속·규제기관이라는 경찰의 특성상 실제 업무처리 과정에서 법적 절차의 추상성과 업무의 불확실성에 대응하기 위해 재량권의 발동이 유발되고 규정에 대한 현실적합적인 해석과 희소자원의 적정배분을 통해서 치안서비스의 정당성을 부여한다는 점에서(Lipsky, 1980) 재량권은 절차적 정의와 행정대응성 간의 관계에서 상호관련성이 크다고 생각된다. 따라서 본 연구에서는 경찰관의 절차적 정의 인식과 재량권, 행정대응성의 상호관계에 대해 실증적으로 분석해 보고자 한다. 이러한 시도는 종래 경찰학의 영역에서 시민과의 관계를 중점으로 연구되던 경찰 정당성 및 절차적 정의 이론이 행정학적 측면에서 경찰의 행정대응성에도 영향을 미치는지 검증함으로써 이론적 확장을 꾀할 수 있다는 점에서 중요한 의미가 있다고 본다.

장재성·최낙범. (2022). '절차적 정의와 행정대응성의 관계에 관한 연구: 일선 경찰관의 재량권을 중심으로' 中

앞의 연구와 같이 이 연구에서도 절차적 정의 이론에 관한 선행연구 경향을 분석한 결과를 토대로 이 연구가 기존의 연구접근과 어떤 점에서 차별화되는지 설명하고 있습니다. 첫 번째 차별점은 기존의 절차적 정의 이론에 관한 연구는 주로 시민의 인식을 대상으로 이루어졌다면 이 연구는 시민이 아닌 현장 경찰관을 연구대상으로 해서 기존 이론의 확장을 꾀한다는 점입니다. 두 번째, 기존의 절차적 정의 이론 연구가 절차적 정의를 독립변수로 두고, '절차적 정의 → 경찰활동의 정당성 → 시민의 법준수와 협력'이라는 이론적 모형을 검증하는 데 주력하였다면, 이 연구는 절차적 정의와 행정대응성의 관계라는 새로운 변수 간 관계를 검증한다는 점에서 New point가 인정된다고 주장하고 있습니다. 마지막 세 번째 차별점은 기존 연구에서 절차적 정의 및 행정대응성과의 관계가 검증되지 않았던 재량권이라는 변수를 추가하여 연구모형을 설정했다는 것을 강조하고 있습니다. 이처럼 서론에서 내 연구가 기존의 연구와 차별화되는 포인트를 잘 발굴하여 간략한 연구동향 분석과 함께 제시한다면 대부분의 심사자가 여러분의 연구의 필요성을 인정하게 될 것입니다.

(4) 잘못 작성된 사례

이번엔 잘못 작성된 서론부에 대한 예시를 한번 살펴볼까요? 서론 구성에 있어 가장 흔한 실수는 연구의 필요성이 아닌 연구주제의 중요성에 대해서만 서술하는 것이라고 했습니다. 아래의 예시를 살펴봅시다.

현대 사회의 조직에서는 다양한 사람들과 조직 내 여러 집단들이 각자의 목적을 가지고 활동하고 있기 때문에, 그 과정에서 마찰이나 불편

한 관계가 발생하기 마련이다. 이에 따라 대부분의 조직에서 갈등현상이 나타나고 있다(홍길동, 2020). 군 조직 역시 국가의 안전보장이라는 목적을 달성하기 위한 구성원들의 협동과정이라 이해할 때 군 조직 내에서도 갈등이 발생하는 것은 당연하다고 볼 수 있다.

조직 내의 여러 갈등양상으로 인해 조직관리자들은 업무시간의 20%를 조직 내의 갈등과 관련된 문제를 해결하는 데 할애하고 있는 실정이다. 갈등은 조직행태론 과목에서 다섯 번째로 자주 언급될 정도로 중요한 논제이기도 하다(Tom, 1959). 이처럼 갈등에 관한 이론이 조직연구에서 그 중요성이 증대되고 핵심적인 기능으로 인식되면서 각 조직에서 갈등을 어떻게 관리하고 활용할 것인가에 대한 연구 수요가 지속 증가하고 있다.

한편, 군 조직의 경우 일반조직 그리고 다른 행정조직과도 구분되는 독특한 특성을 가지고 있다. 즉, 우발적이고 급박한 상황이 자주 발생하여 그 해결이 시급하고 고도의 위험성을 가지는 경우가 많다. 따라서 군 조직은 안정적이며 능률적이며 위계질서가 확립되어야 한다. 이러한 기대에 부응하기 위해 군 조직에서는 제복을 착용하고 계급에 의한 상명하복 체제를 갖추고 있다(김철수, 2003). 다시 말하면 국가 안보라는 절대적 조직 목표를 달성하기 위해서 구성원 개인의 판단이나 의견보다는 상관의 의사를 강요하는 체계를 갖추고 있는 것이다(이영희, 2005). 이러한 조직의 특성상 군 조직의 구성원들은 다른 조직에 비해 더 많은 갈등을 느낄 것으로 예상할 수 있으며, 이러한 갈등은 국민의 생명

보호라는 조직 목표달성에 중대한 장애요인으로 작용할 수 있음을 짐
작할 수 있다. 따라서 본 연구에서는 군 조직 내에 존재하는 갈등이 어
느 정도이며, 그 유형은 어떠하며, 이러한 갈등이 일선 군인의 조직몰
입에 어떤 영향을 미치는지 연구하고자 한다. 더불어 효과적인 갈등관
리 방안은 무엇인지에 대해서도 논의하고자 한다. 기존의 정부조직 갈
등에 관한 연구들은 대부분 부처간 갈등, 지방정부간 갈등, 정부와 주
민간 갈등에 집중되어 있어 본 연구는 차별성이 있다고 판단된다.

위 예시 논문은 전형적으로 연구주제의 중요성에 치우친 서론을 가
지고 있습니다. 첫 번째 문단에서는 군 조직을 비롯한 현대의 조직에서
갈등이 매우 빈번한 현상임을 강조하고, 두 번째 문단에서는 갈등의 관
리가 왜 중요한지 재차 강조하고 있네요. 세 번째 문단에서도 군 조직
의 특성상 갈등이 심각하고 빈번할 수 있음을 지목하면서 연구주제의
중요성을 또 강조하고 있습니다. 세 번째 문단 말미에서야 기존 행정조
직에서의 갈등 연구의 경향에 대해 간단히 서술하고 있으나, 선행연구
의 근거도 부족하며, 특히 연구의 핵심인 군 조직에서의 갈등과 조직몰
입에 대한 연구의 경향에 대해서는 언급조차 되어 있지 않습니다. 서론
을 이렇게 작성할 경우 심사과정에서 연구의 필요성과 차별성에 대한
설명이 부족하다는 지적을 받을 가능성이 매우 큽니다. 위 논문의 서론
이 목적에 맞게 기능하도록 하려면 다음과 같이 수정이 필요합니다. 먼
저, 연구 대상인 군 조직에서의 갈등이 왜 중요한지는 한 문단 정도로

간략히 요약하여 제시할 필요가 있습니다. 다음으로 또 다른 연구주제인 군 조직에 있어서 조직몰입에 대한 언급이 추가되어야 합니다. 가장 중요한 것은 연구의 필요성을 부각하기 위해 군 조직을 대상으로 갈등과 조직몰입의 관계에 관한 선행연구의 경향을 분석하여야 합니다. 만약 관련 선행연구를 찾지 못하였다면, 연구가 현저히 부족함을 명시하면서 연구의 필요성을 부각하여야 하며, 유사한 연구가 있다면 이 연구의 접근이 선행연구와는 어떤 점에서 차별되는지 충실히 설명할 필요가 있습니다. 마지막으로 연구목적 달성을 위해 어떤 연구방법을 활용하는지, 분석하는 데이터는 무엇인지 등을 간략히 소개하면 좀 더 완성도 있는 서론이 될 것입니다. 서론, 어떻게 작성하는지 이제 감이 좀 오시나요?

2. 이론적 배경 요령

구성순서	작성 내용	중요도	비고
1	각 변수의 개념	☆☆☆	종속 → 독립변수순
2	각 변수의 측정방법에 대한 논의	☆	생략 가능
3	각 변수의 선행연구 흐름	☆☆	연구필요성과 연계
4	가설의 설정(변수 간 관계)	☆☆☆	선행연구 또는 이론 검토
5	연구모형	☆☆	그림으로 제시

이론적 배경은 1) 각 변수의 개념(측정방식에 관한 논의) 2) 변수와 관

련된 선행연구의 일반적 흐름 3) 변수 간 관계에 관한 선행연구 분석과 가설 설정, 4) 연구모형의 제시 순으로 작성됩니다. 다만, 앞서 설명하였듯이 4) 변수 간 관계에 관한 분석과 가설 설정 및 5) 연구모형의 경우 제3장 연구설계 부분에서 제시하는 경우도 많이 있습니다. 어떤 것이 더 좋다고 말할 수는 없으며, 연구자의 선택하면 됩니다. 필자의 경우 가설 역시 이론적 논의를 중심으로 구성되기 때문에 논문 전개의 일관성 유지를 위해 제2장에서 가설과 연구모형을 제시하는 형태를 선호하는 편입니다. 따라서, 이 책에서는 제2장에 가설과 연구모형을 제시하는 형태로 설명하도록 하겠습니다.

(1) 각 변수의 개념

이론적 배경에서는 먼저 각 변수의 정의가 제시되어야 합니다. 일반적으로 종속변수의 정의를 먼저 제시하고, 독립변수, 매개(조절)변수 순으로 서술하지만, 꼭 정해진 것은 아니고, 연구의 목적과 주제에 따라 연구자가 좀 더 중요하다고 생각되는 변수부터 먼저 설명하여도 무방합니다.

앞에서 서론부의 예시로 활용한 장재성·전설희(2024)의 "적극행정의 제약 요인이 공무원의 적극행정 인식에 미치는 영향: 조직공정성의 조절효과를 중심으로" 연구의 이론적 배경 부분을 살펴보겠습니다. 앞의 내용을 충실히 읽었다면 연구의 제목만 보더라도 여러분은 이론적 배경에 어떤 변수들의 개념이 설명되어야 하는지 파악하실 수 있을 겁니다. 먼저 생각을 해보시고, 아래 내용을 통해 내가 생각한 내용이 맞는지, 혹시 빠진 것은 없는지, 어떤 순서로 서술되고 있는지 확인해 보시면 논문 구성의 실력을 높이는 데 도움이 될 겁니다.

[각 변수의 개념] Key Point: 연구에서 사용되는 변수들의 개념을 선행연구들을 인용하면서 제시하며, 특히 변수에 대한 여러 가지 정의가 존재하는 경우 이 연구에서 어떤 정의를 따르는지 명확하게 밝혀주어야 합니다.

1. 적극행정 – 개념과 연구경향

2019년 제정된 「적극행정 운영규정」과 인사혁신처 「적극행정 운영지침」은 적극행정을 "공무원이 불합리한 규제의 개선 등 공공의 이익을 위하여 창의성과 전문성을 바탕으로 적극적으로 업무를 처리하는 행위"로 규정하고 있다. 또한, 동 지침에서는 소극행정과 대비를 통해 적극행정의 요소로 '신속성', '합리성', '창조성', '협조성' 등을 제시하고 있다(조태준, 2019).

적극행정에 대한 학술적 정의 역시 유사하다. 학자들마다 일부 차이는 있지만, 대부분의 학자들이 적극행정의 개념요소로 공무원이라는 주체, 공익 추구라는 목적, 적극적이고 창의적인 행태라는 방식을 제시하고 있으며, 이를 토대로 전설희·장재성(2023)은 적극행정을 "공무원이 공공가치 또는 공익을 증진하기 위한 목적을 가지고 능동적, 적극적, 전문적, 창의적으로 업무를 수행하는 행위"로 정의한 바 있다.

2. 적극행정의 제약 요인

본 연구에서는 적극행정의 제약요인을 적극행정으로 인한 포상 경험, 적극행정 제도 수용성(acceptance)과 관련 법규의 모호성(ambiguity)을 중심으로 살펴보고자 한다.

인식의 측면에서는 적극행정 제도에 대한 수용성을 대표적 변수로 활용하고자 한다. 수용성은 여러 분야에서 다양하게 정의되고 있는데, Duncan(1981)은 수용성을 행위자의 외면적 행동과 내면적 가치, 태도가 특정 규범 등에 일치하는 정도로 정의하였다. 본 연구에서와 같이 특정 제도에 대한 수용성으로 이해될 경우 적극행정 제도 자체 또는 결과에 대하여 개인적으로 납득하는 정도의 수준(정의석 · 이시철, 2013) 또는, 좀 더 간략하게 적극행정 제도에 대한 조직구성원의 인식으로 정의할 수 있다(강영철, 2008).

법령의 측면에서는 적극행정 관련 법규의 모호성을 대표적 제약요인으로 선정하였다. 모호성은 행정학에서 목표모호성, 역할모호성, 업무모호성 등 다양한 측면으로 논의되어 왔으며, 조직 내에서 매우 복합적인 역할을 하는 것으로 알려져 있다(김서용 · 김선희, 2015).

3. 조직공정성

Adams(1965)는 형평이론(equity theory)을 통해 조직구성원들은 조직 내에서 자신의 노력이 적절한 보상을 받고 있는지 평가하여 노력의 정도를 조절한다고 주장하였다. 즉, 조직구성원은 조직 내에서 조직의 보상 내용, 의사결정 절차, 그 과정에서의 상호작용 등을 평가하여 인식하게 되는데 이러한 인식이 조직공정성(organizational justice)이라고 할 수 있다(Greenberg, 1990; 최낙범·엄석진, 2013).

조직공정성은 조직 내에서 보상과 자원이 분배되는 과정에 대한 공정성인 분배공정성(distributive justice)에서 시작하여 보상과 분배 결과가 결정되는 과정에 대한 공정성의 인식인 절차공정성(procedural justice), 그리고 의사결정 과정에서 결정권자가 보여준 상호작용의 질에 대한 평가인 상호작용 공정성(interpersonal justice)에 대한 논의로 확장되었다(Leventhal, 1980; Bies, 1986). 즉, 구성원이 인식하는 조직공정성은 분배 결과의 공정성, 의사결정 절차에서의 공정성, 관리자와 상호작용 과정에서의 공정성에 대한 전반적인 인식의 총체라고 할 수 있다(Greenberg, 1990).

장재성·전설희. (2024), '적극행정의 제약 요인이 공무원의 적극행정 인식에 미치는 영향:조직공정성의 조절효과를 중심으로' 中

이 연구에서는 종속변수인 적극행정의 개념을 먼저 제시하였고, 다음 항목에서 독립변수인 적극행정의 제약요인을 설명하고, 이어 조절변수인 조직공정성의 개념을 서술하고 있습니다. 변수의 정의를 제시하는 방법에는 연구자마다 차이가 있는데, 필자의 경우 먼저 여러 학자들의 정의를 검토하고, 이 정의들에서 공통된 요소를 추출하여 보여준 뒤, 이 공통요소들을 가장 잘 포괄하는 연구의 정의를 선택하여 제시하는 방법을 선호합니다. 이 방식의 구체적 적용방법을 위의 사례를 통해 살펴보죠. 위 사례에서는 우선 대통령령과 지침에 적시된 적극행정의 일반적 개념을 소개하고, 이후 학자들의 정의에서 공통적으로 언급되는 개념요소를 제시하고 있습니다(주체: 공무원, 방식: 창의적·전문적, 목적: 공익추구). 그리고 공통 개념요소들을 가장 잘 내포하였을 뿐만 아니라 연구의 목적과 가장 부합되는 선행연구의 개념을 인용하면서 이 연구에서의 적극행정을 정의를 "공무원이 공공가치 또는 공익을 증진하기 위한 목적을 가지고 능동적, 적극적, 전문적, 창의적으로 업무를 수행하는 행위"로 제시하고 있습니다.

[참고] 이 연구는 학술지에 게재된 논문이므로 분량의 한계가 있어 학자별 구체적 개념 제시는 과감히 생략되었습니다. 하지만 상대적으로 분량 제한에서 자유로운 학위논문의 경우 여러 학자들의 개념 정의 사례를 병렬적으로 서술해주거나 표로 정리해서 보여주는 것이 더 좋습니다. 아래의 예시를 참고하세요.

학자들은 직무자율성의 개념을 연구목적에 따라 다양하게 정의하고 있는데, Hackman&Oldman(1976)은 직무 수행에 있어 계획을 수립하고, 절차는 결정하는 과정에서 구성원에게 부여된 상당한 정도의 자율성과 독립성, 그리고 재량권으로 정의하였으며, Campbell et al.(1976)은 직무자율성이 업무와 관련된 의사결정의 권한이 얼마나 보장되는지의 개념으로 정의한 바 있다. 한편, Batey&Lewis(1982)는 직무자율성이 개인의 직무수행 범위에서 일관성을 가지고 자율적으로 관련된 결정을 내리고, 그 결정에 따라 행동으로 연결할 수 있는 정도라고 하였으며, Morrison&Feldman(1996)은 직무자율성을 구성원이 본인의 업무를 수행하는 과정에서 발휘할 수 있는 재량권의 정도라고 정의하였다. 비교적 최근의 연구들을 살펴보면, Fernet et al.(2014)는 직무자율성이란 직무의 제반 영역에서 관련된 의사결정 시 구성원에게 부여되는 자율성 정도라고 하였으며, 국내 연구에서는 박영주(2017)의 연구에서는 직무 수행과정에서의 계획수립, 수행방법 선택, 일정 계획 등의사결정에 있어서의 자율과 독립, 재량권의 정도로 직무자율성을 정의하였으며, 송수종(2018)의 연구에서는 조직 구성원이 수행해야 할 직무에 있어 구성원 스스로의 역량을 발휘하여 업무계획과 수행방식을 자율적으로 결정할 수 있는 자유, 독립성과 재량에 대해 조직이 부여한 권한의 정도로 정의하였다. 이상의 선행연구에서 언급된 직무자율성의 개념은 <표1>과 같이 정리할 수 있다.

<표 1> 직무자율성의 개념

학자	직무자율성의 개념
Turner & Lawence (1965)	본인에게 배정된 업무를 수행하는 과정에서 리더가 구성원에게 부여할 것으로 기대되는 재량의 정도
Hackman & Oldham(1976)	구성원이 직무계획을 수립하고, 직무의 절차를 결정하는 과정에서 부여된 독립성과 자율성, 재량권
Morris & Feldman (1996)	구성원이 과업을 수행하면서 발휘할 수 있는 재량의 정도

Fernet et al.(2014)	직무와 관련된 전반적 영역에서의 의사결정과 관련하여 구성원에게 부여되어 있는 자율성의 정도
박영주(2017)	자기 직무의 수행 과정에서 직무 계획의 수립, 직무 수행 방법, 일정 계획 등 중요한 의사결정을 내림에 있어 실질적 보장되어 있는 자율과 독립, 재량의 정도
송수종(2018)	구성원이 직무 수행에 있어 스스로의 역량을 발휘하여 업무에 대한 계획과 수행방식을 스스로 결정할 수 있는 자유, 독립성, 재량에 관해 조직이 부여한 권한의 수준

장재성(2024), '현장 경찰관의 적극적 경찰활동의 영향요인에 관한 연구: 공정성과 자율성 이론을 중심으로' 中

이 과정에서 초보 연구자가 주의해야 할 점이 있습니다. 바로 표절 문제입니다. 직접인용 표시(" ", 줄바꿈)를 하지 않는 이상 출처를 밝혔다 하더라도 다른 연구자의 표현을 6단어 이상 연속으로 일치하도록 사용하면 표절로 간주될 수 있기 때문입니다. 따라서 타인의 연구논문에 제시된 변수의 개념을 그대로 옮겨 적어서는 안 되며, 해당 개념을 이해한 뒤 나의 언어로 다르게 표현할 줄 알아야 합니다.

또 하나 주의해야 할 점은, 최종적으로 이 연구에서 채택하는 변수의 개념이 연구목적과 주제와 일치하여야 한다는 점입니다. 예를 들어, 조직 내의 의사결정 절차에 대한 공정성이 조직 내의 갈등에 어떠한 영향을 주는지를 연구의 주제로 선정하였다고 가정하겠습니다. 이 연구에서 공정성의 개념은 어떻게 정의되어야 할까요? 앞의 예시 논문에서 살펴본 것과 같이 조직 내에서 공정성의 개념은 자원과 보상의 분배 결과에 대한 중요성, 의사결정 시스템과 절차에 관한 공정성, 의사결정과정에서 상급자가 보여주는 상호작용에 대한 공정성으로 나누어 생각할 수 있습니다. 연구주제를 고려하면 이 연구에서는 공정성의 개념은 의사결정 절차와 관련된 공정성 개념을 제시해야 합니다. 만약, 공정성의 개념을 분배 중심으로 설명한다면 이는 5위 일체에 어긋나는 것으로 논리적인 논문이라고 보기 어렵습니다.

각 변수의 개념 정의를 논문에 어떻게 표현해야 하는지 이해가 좀 되셨나요? 아래의 사례에서는 어떻게 변수의 개념을 정의하고 있는지 위와 같이 분석해 보시면 실제 나의 논문에서 이론적 배경을 작성하는 데 큰 도움이 될 것입니다.

1. 경찰 신뢰의 의의

경찰 신뢰는 경찰에 대한 가치관, 태도, 인식, 효율성, 공정성 등을 포괄하는 광범위한 개념으로 일률적 정의가 쉽지 않기 때문에 경찰 신뢰에 대한 합의된 정의는 도출되지 않고 있다(Jackson&Sunshine, 2007). Sun et al.(2013)은 ① 경찰 신뢰를 경찰에 대한 시민들의 일반적 인식과 의견, ② 경찰에 대한 긍정적 태도나 평가 측면에서의 만족이나 정당성에 대한 인식, ③ 경찰의 성과나 활동의 결과에 대한 인식 3가지의 개념으로 구체화하였다. 이수창(2014)은 경찰 신뢰를 정부 신뢰 개념을 기초로 국민들의 경찰에 대한 긍정적인 태도 또는 경찰활동이 국민의 기대에 부합하는지에 대한 평가로 정의하였다. 이를 종합하면 경찰 신뢰는 경찰조직이나 경찰의 일련의 활동에 대해 시민들이 지지하고 만족, 수용하는 태도나 인식으로 정의할 수 있다(이재영, 2011).

장재성(2021), "경찰 신뢰 영향요인에 관한 메타분석 연구" 中

2. 직무만족의 개념

최근의 연구들을 살펴보면 Statt(2004)는 동기부여의 측면에서 구성원이 직무에서 얻는 보상에 만족하는 감정의 정도로 직무만족을 정의하였으며, Aziri(2011)는 직무만족을 직무 중심에서 고려하여 구성원이 자신의 직무에 대해 느끼는 만족 또는 불만족의 정도라고 하였다. 또한, 이경배(2018)는 직무만족이 구성원이 현재 수행하는 직무, 주어진 직무환경에 대해 자발적으로 만족하는 심리적·정서적인 긍정 상태라고 정의하였으며, 고명숙 외(2020)는 직무만족을 구성원 개인의 기대가 충족된 정도에 따라 차이가 나는 주관적 판단이라고 하였다. 위와 같은 일련의 연구들에서 직무만족의 개념에 대한 학술적 일치가 이루어지지는 않았으나, 공통적으로 직무만족의 개념요소로 ① 직무 또는 직무의 수행과 환경 ② 긍정적인 정서 상태를 포함하고 있다. 따라서 직무만족은 경찰관이 직무수행과 관련하여 직무 자체나 환경 등에 대해 느끼는 긍정적 감정 상태로 정의할 수 있다.

장재성 (2024), '현장 경찰관의 적극적 경찰활동의 영향요인에 관한 연구: 공정성과 자율성 이론을 중심으로' 中

(2) 변수의 측정방법(생략가능)

일반적이지는 않지만 ① (새 측정도구를 제시하는 것과 같이) 측정도구
자체를 주제로 하는 연구이거나, ② 변수의 측정방식에 대한 이견의
대립이 극명한 경우, ③ 측정방식에 따라 연구의 결과에 영향을 줄 가
능성이 매우 큰 경우 등은 이론적 배경에 변수의 측정방법에 대해서도
논의해 주는 것이 좋습니다. 그렇지 않은 경우에는 이 항목은 생략하여
도 무방합니다.

변수의 측정방식을 서술하는 방법 역시 특별히 정해진 것은 없지만,
일반적으로 시간의 흐름에 따라 자연스럽게 서술하면 됩니다. ① 먼저
최초 제시된 측정도구가 어떻게 구성되었는지 서술하고, ② 개량되거
나 다르게 제시된 측정도구에는 어떤 것들이 있는지, 개량이 시도된 계
기는 무엇인지 등을 도구별로 순차적으로 제시합니다. ③ 마지막으로
이 연구에서는 그중 어떤 도구를 사용할 것인지, 그 이유는 무엇인지에
대해 서술합니다.

(3) 변수의 선행연구 흐름

변수의 개념이 잘 제시되었다면, 해당 변수에 대한 이해를 돕기 위
해 관련된 선행연구의 흐름을 개략적으로 제시합니다. 주로 어떤 변수
들과의 연구가 이루어졌으며, 그 결과는 어떠했는지를 중심으로 기술
하는 경우가 많습니다. 주로 개념을 제시한 문단 아래에 추가하게 됩니다.

기존 연구들에서 사용하는 선행연구의 흐름을 기술하는 방식을 살펴보면 크게 두 가지로 구분할 수 있습니다. 첫 번째는 개별 연구별로 연구의 주제와 요지를 구체적으로 기술하는 방법이며, 둘째는 유사한 연구끼리 묶어 결과 위주로 간략하게 제시하는 방법입니다. 첫 번째는 분량의 여유가 있는 학위논논 또는 선행연구가 부족한 경우 활용하고, 두 번째는 제한된 분량으로 작성해야 하는 학술논문이나 선행연구가 많이 누적되어 있어 모든 연구를 일일이 언급하기 어려운 경우에 주로 활용합니다. 각각의 사례를 살펴보도록 하겠습니다.

[선행연구의 흐름] Key Point: 학위논문이나 선행연구가 부족한 경우 연구별 주제와 요지를 소개하고, 학술논문이나 선행연구가 많은 경우 유사 연구끼리 묶어서 제시합니다.

〈개별 연구사례의 요지를 제시하는 방법〉
  2. 지지의 원천에 따른 사회적 지지의 구분
  Pettegrew&Wolf(1982)는 교사를 대상으로 하는 직무 스트레스 연구에서 관리자 지지와 동료교사 지지로 나누어 연구하였다. 관리자 지지는 교사가 이야기하고자 하는 바를 학교 관리자가 기꺼이 들어주려고 하는지, 혹은 교사가 학생이나 학부모와 갈등관계가 형성되었을 때 학교 관리자가 필요한 지지를 제공하는지로 개념화되며, 동료교사 지지는 교사의 이야기에 동료 교사들이 집중해주는지, 외부인들로부터 동료교사를 보호하려고 하는지 등의 개념을 포괄하고 있다(Dworkin, et al., 1990). 국내에서는 박웅열(2010)의 연구에서 상사 지지와 동료 지지를 구분하여 살펴보았는데, 상사 지지는 상급자가 부하 직원의 욕구에 대해 가지는 깊은 관심과 신뢰를 의미하며, 동료 지지는 조직 내에서 동료들로부터 받는 정서적, 물질적 도움과 협조를 의미한다. 상사 지지는 조직 관리상 구성원의 동기와 깊은 연관이 있으며 구성원들의 긍정적 정서를 촉발하고 적극적 직무태도에 영향을 미치는 중요한 요인이다(박웅열, 2010). Bowers&Seashore(1966)는 상사 외의 동료들의 지지 여부 역시 조직 내의 중요한 지원에 해당되며 직무 스트레스의 부정적 효과를 완충하는 역할을 할 수 있다고 주장하였다.

장재성 (2024), '현장 경찰관의 적극적 경찰활동의 영향요인에 관한 연구: 공정성과 자율성 이론을 중심으로' 中

〈유사 연구끼리 묶어 제시하는 방법〉

또한 상사신뢰와 조직효과성에 관한 다수의 실증적 연구들도 상사신뢰가 조직몰입, 직무만족, 조직시민행동에 유의한 정적 영향을 미친다는 점을 지지하고 있다(임창현·이희수, 2013; 이봉식 외 2018).

한편, 선행연구들에 따르면 상사신뢰는 서번트 리더십과 정적 상관관계를 가진다(손동성, 탁진국, 2012; 송정수·이규용, 2009; 신숙희·장영철, 2011; 이재형 외, 2006; 오종철·양태식, 2009; 정선미·김강식, 2008; 조현구·최은수, 2015). 뿐만 아니라 다수의 실증연구들이 상사신뢰가 서번트 리더십과 조직효과성 요인과의 관계에서 유의한 매개 또는 조절변수로서 작용한다는 주장을 지지하고 있다(박동수·김용학, 2010; 조현구·최은수, 2015; 김재붕, 2015).

박홍준·장재성(2022), '경찰조직에서 서번트 리더십이 조직효과성에 미치는 영향: 상사신뢰의 조절효과를 중심으로' 中

선행연구 흐름을 기술하는 방식에는 정해진 것이 없기 때문에 연구목적, 분량, 선행연구의 수 등에 따라 적절한 방법을 사용하면 됩니다.

변수와 관련된 일반적 연구현황과 선행연구 흐름은 논문 구성에 있어서 필수적이지는 않지만 필자는 가급적이면 이 부분을 기술하라고 추천하고 싶습니다. 그 이유는 첫째, 내가 연구자로서 이 변수의 개념과 함께 발전 및 연구과정을 제대로 이해하고 있음을 보여줄 수 있기 때문입니다. 둘째 이유가 핵심인데, 서론에서 제시한 연구의 필요성을 강조해서 보여줌으로써 5위 일체를 통해 논문의 논리성을 보여줄 수 있기 때문입니다. 아래의 사례를 살펴봅시다.

[변수의 선행연구 흐름] Key Point: 변수와 관련된 선행연구의 흐름을 개관하고, 연구의 필요성과 연계합니다.

서론에서 밝힌 바와 같이 적극행정에 관한 선행연구는 크게 질적 연구와 실증연구로 구분할 수 있다. <표 1>에 정리한 바와 같이 질적 연구는 다시 적극행정의 개념과 그 준거를 탐색하는 연구와 적극행정 관련 제도들의 문제점을 지적하고 이에 대한 개선 방안을 제시하는 연구

로 나누어 볼 수 있다. 적극행정에 관한 실증연구는 적극행정에 영향을
미치는 요인은 무엇인지 분석하는 연구가 주를 이루고 있으며, 일부 연
구에서는 성과, 혁신행정 등을 적극행정의 후행요인으로 분석하기도
하였다.

하지만, 선행연구에서 밝혀진 적극행정의 선행요인들은 대부분 학술
적으로 고안되고 발전되어 온 개념들로서 적극행정 제도의 실제 운영
과는 다소 거리가 있다는 문제가 있다. 이에 본 연구는 인사혁신처
(2019)에서 지목한 적극행정의 제도적 제약 요인을 중심으로 이러한
요인들이 실제 공무원들의 적극행정 인식에 유의한 영향을 미치는지
검증하고자 한다. 이러한 관점의 접근은 적극행정을 둘러싼 실제적 제
약 요인들의 측정방법을 고려하여 실증한다는 점에서 학술적 의미가
있지만, 실제 제도의 효과를 확인하고 개선 방향을 제안할 수 있다는
점에서 실천적으로도 중요한 의미가 있을 것으로 기대되며 선행연구와
차별화될 수 있다고 판단된다.

<표 2> 적극행정 관련 주요 선행연구

구분	연구자	연구 주제
질적 연구 (개념)	김윤권 외(2021)	델파이기법 활용, 적극행정 개념과 판단준거 탐색
	김호균(2019)	적극행정의 개념을 조직문화, 리더십적 측면에서 분석
	박 윤(2019)	문헌을 통한 적극행정의 의미와 유형, 특성을 정리
	최무현(2019)	소극행정 개념과 통합을 통한 적극행정 개념 정립

	김윤권 외(2011)	적극행정 면책제도 활성화 방안 제안
질적 연구 (제도개선)	이종수(2016)	적극행정 활성화를 위한 대안 제시
	박희정(2016)	적극행정 실현을 위한 감사제도의 개선 방안 제시
	조태준(2019)	적극행정 활성화를 위한 적극행정 운영규정 개정 제안
실증 연구	강나율 · 박성민 (2019)	개인행태, 직무, 조직문화 요인이 적극행정에 미치는 영향
	김재형 외(2020)	변혁적 리더십이 적극행정에 미치는 영향
	이혜윤 · 박순애 (2021)	적극행정 인식이 지방공무원의 성과에 미치는 영향
	이순호(2021)	적극행정 선 · 후행요인을 조직, 개인, 직무 차원에서 분석
	김성엽 외(2022)	서번트 리더십과 적극행정의 관계(공공봉사동기의 매개효과 등)
	송성화 · 손지은 (2022)	승진 · 보상공정성이 적극행정에 미치는 영향
	강나율 · 박성민 (2023)	조직지원인식과 적극행정의 영향관계
	전설희 · 장재성 (2023)	조직문화가 조직공정성을 매개로 적극행정에 미치는 영향

※ 전설희·장재성(2023)을 토대로 저자 재구성

장재성 · 전설희. (2024), '적극행정의 제약 요인이 공무원의 적극행정 인식에 미치는 영향: 조직공정성의 조절효과를 중심으로' 中

이 사례에서는 적극행정과 관련된 연구의 흐름을 크게 3가지 ① 개념 질적연구 ② 제도개선 질적연구 ③ 실증(양적)연구로 나누어 제시하고 있습니다. 또한 최근 적극행정에 관한 구체적인 양적연구들을 주제를 표로 보여주면서, 기존 연구들이 주로 적극행정과 학술적 개념(예: 리더십, 공공봉사동기)의 관계를 검증하고 있다는 점을 강조하였습니다. 반면, 학술적 개념이 아닌 실제적 적극행정 제약요인에 대한 선행연구가 매우 부족함을 데이터에 기반하여 확실히 보여주고 있습니다. 이를 통해 서론에서 제시된 연구의 필요성(적극행정의 실제 제약요인과 적극행정의 관계를 연구한 선행연구가 매우 제한적이다)을 다시 한번 부각시키고 있습니다. 이러한 논리적 전개와 일관된 주장은 심사자가 연구의 필요성을 인식하고 인정하는 데 크게 도움이 됩니다.

이러한 기술 기법은 종속변수를 설명할 때만 사용할 수 있는 것은 아닙니다. 연구주제에 따라 독립변수나 매개변수를 사용할 때에도 활용될 수 있습니다. 아래의 연구에서는 독립변수인 절차적 정의를 설명하면서 연구의 차별성을 강조하고 있습니다.

절차적 정의에 대한 논의는 대시민적 관계에 있어서 고권적인 권한을 지니고 의사결정을 내리는 경찰관의 인식과 행태에 대한 것에서부터 출발할 필요가 있다. 반면, 그간 경찰활동과 절차적 정의에 관한 논의는 경찰활동에 대한 시민의 인식을 중심으로 연구되어 왔기 때문에, 경찰관을 대상으로 한 절차적 정의에 관한 연구는 매우 제한적이다. 따라서 현장에서 절차적 정의를 실천해야 할 경찰관들이 이를 어떻게 인식하고 있는지, 그리고 절차적 정의의 준수를 통해서 어떠한 행정적 가치를 제고할 수 있는지를 규명할 필요가 있으며, 본 연구에서는 이를 행정대응성과 연계시켜 살펴보고자 한다.

장재성 · 최낙범. (2021), '절차적 정의와 행정대응성의 관계에 관한 연구: 일선 경찰관의 재량권을 중심으로' 中

이 파트는 뒤이어 설명할 가설 설정(변수 간 관계) 파트와 변수 간 관계에 대해 논한다는 점에서는 동일하지만, 연구모형에 사용된 변수들의 관계가 아닌, 다른 변수들과의 관계를 설명한다는 점에서 차이가 있습니다. 연구모형에 투입되는 변수들과의 관계에 대한 선행연구들은 추후 가설 설정 파트에서 충분히 논의할 수 있기 때문에, 이 파트에서는 연구모형에 투입되는 변수 외에 일반적으로 중요한 관계에 있다고 인정되는 변수나 연구모형에 투입되는 변수와 유사하다고 인정되는 변수와의 관계에 대한 연구 결과를 중심으로 기술하는 것이 중복을 피하는 방법입니다. 아래의 예시를 살펴보겠습니다.

한편, 선행연구들은 갈등과 갈등관리가 다양한 측면에서 조직에 영향을 미친다고 설명하고 있다. 여러 실증연구에서 조직 내의 갈등은 조직성과, 직무만족, 조직몰입, 직무스트레스, 이직의도 등 조직 전반에 영향을 미치는 것으로 나타났으며(Amason, 1996; Van Woerkom & Van Engena, 2009; 김호정, 2009), 갈등관리의 방식은 조직성과나 직무만족, 상호관계의 질, 리더신뢰, 조직몰입, 이직의도 등에 영향을 미치는 것으로 분석되었다(Chan, 1989; Canary et al., 2001; 장한기·정영주, 2006; 정용주, 2006; 홍순복, 2013).

장재성. (2024), '갈등관리 방식이 경찰공무원의 조직공정성 인식에 미치는 영향' 中

위 사례는 갈등관리 방식(독립변수)과 조직공정성의 관계(종속변수)에 관한 연구이지만, 양 변수의 관계를 논하기에 앞서 먼저 갈등관리 방식의 선행연구 흐름에 대해 설명하고 있습니다. 이 파트에서는 연구모형에 포함된 종속변수인 조직공정성과의 관계에 대해서는 논하지 않으며 (추후 가설 설정 단계에서 논의합니다), 갈등관리 방식이 기존에 조직에서 중요하다고 인정되는 변수들과 어떤 관계를 가지고 있는지 선행연구를 인용하여 설명하고 있습니다.

(4) 가설 설정(변수 간 관계)

이 파트는 사회과학분야의 양적 연구에 있어 매우 중요한 부분이기 때문에, 반드시 논리적으로 논문에 기술되어야 합니다. 또한, 연구모형에 포함된 모든 변수 간 관계에 대한 가설과 해당 가설에 대한 이론적 설명이 있어야 하며, 연구자가 임의로 생략하여서는 안 됩니다. 필자 역시 하나의 연구에서 여러 가지 가설을 설정하다보면 가끔 일부 가설에 대한 이론적 논의를 깜박하는 경우가 있는데, 이러한 경우 대부분 심사자로부터 해당 파트를 보완하라는 코멘트를 받았습니다. 이 작업이 왜 중요한지에 대해서는 앞에서 충분히 설명하였기 때문에 더 언급하지 않겠습니다.

여기서는 가설을 설정하고 이론적 관계를 논의하는 몇 가지 방식을 소개하겠습니다. 첫 번째, 가장 난이도가 쉬운 방법으로 동일한 변수 간 관계에 관한 선행연구, 특히 실증(양적)연구 결과를 인용하는 방법 입니다. 다음의 예시를 살펴봅시다.

[가설 설정 – 선행연구가 많은 경우] Key Point: 나의 연구주제와 동일한 주 제를 다룬 실증연구가 많은 경우 실증연구의 결과를 제시하면서 가설을 설정 하면 됩니다.

그동안 수많은 조직에서 서번트 리더십과 조직효과성의 연관성에 대 한 검증 시도가 있었다. 정부조직(김정광 · 송병주, 2011; 김종선 · 조준억, 2016; 성영태, 2011; 이수창, 2012, 이영균, 2015), 국내 공기업과 사기업 (권상집, 2018; 손동성 · 탁진국, 2012; 양지혜 · 김종인, 2017; 이명신 외, 2012; 차동옥 외, 2010; 최동주 · 이묘숙, 2010), 사회복지조직(이주호, 2010), 초 · 중 · 고등학교와 어린이집(신재흡, 2013; 예남희, 민하영 · 최인 화, 2015; 이혜정, 2012), 숙박업과 관광산업(박기만 외, 2015; 이수광, 2013), 병원조직(박신국 외, 2016; 박신국 · 임상혁, 2014) 등 다양한 조직 에서 서번트 리더십이 조직효과성에 긍정적 영향을 미친다는 것이 검 증되었다.

대다수의 정부조직을 대상으로 한 연구에서 서번트 리더십이 조직효

과성 요인에 긍정적 영향을 미쳤다는 점에서 본 연구에서도 같은 결과
가 도출될 가능성이 크다고 보았다. 특히, 경찰을 대상으로 한 성영태
(2011)의 연구에서 서번트 리더십이 조직몰입에 긍정적 영향을 미쳤으
며, 경찰을 포함한 정보공무원을 대상으로 한 이영균(2015)의 연구에서
도 서번트 리더십이 조직시민행동에 긍정적 영향을 미치는 것으로 나
타난 점을 고려하여 아래와 같이 첫 번째 가설을 설정하였다.

가설1-1: 서번트 리더십은 경찰공무원의 조직몰입에 긍정적 영향을
미칠 것이다.

가설1-2: 서번트 리더십은 경찰공무원의 직무만족에 긍정적 영향을
미칠 것이다.

가설1-3: 서번트 리더십은 경찰공무원의 조직시민행동에 긍정적 영
향을 미칠 것이다.

박홍준 · 장재성(2022), '경찰조직에서 서번트 리더십이 조직효과성에 미치는 영향: 상
사신뢰의 조절효과를 중심으로' 中

위 사례에서는 서번트 리더십이 경찰의 조직효과성, 즉, 조직몰입,
직무만족, 조직시민행동에 어떤 영향을 미치는지 예측하여 가설을 설
정하고 있습니다. 경찰 외 다른 기관을 대상으로 한 기존 연구가 무수
히 많았기 때문에 해당 연구들을 조직 종류별로 제시하고 있으며, 경찰
또는 경찰을 포함한 표본을 대상으로 한 연구도 언급하면서 변수 간
관계에 관한 이론적 근거를 강화하고 있습니다. 마지막으로 이러한 논
의를 토대로 3가지의 가설을 제시했습니다. 이 방법은 선행연구만 충

분하다면 누구나 쉽게 접근할 수 있기에 초보 연구자에게 적극 추천합니다.

두 번째는 내가 설정한 연구주제와 동일한 변수 간 관계를 검증한 선행연구가 없거나 찾지 못한 경우입니다. 이때는 변수의 기반이 되는 거시 이론을 통해 변수 간 관계를 논리적으로 설명할 수 있습니다. 일반적으로 어떤 사회적 현상이 학자들의 연구적 관심의 대상이 되면 특정 현상을 설명하기 위한 이론이 등장하게 되고, 학자들은 실증 연구를 통해 자신이 제시한 이론을 검증하고자 노력합니다. 이 과정에서 현상들을 측정할 수 있는 형태로 정의한 변수가 등장하게 되고, 이 변수를 활용한 실증연구를 통해 이론은 검증을 받게 됩니다. 따라서 학술적으로 활용되는 변수들은 그 개념적 기반에 해당하는 이론을 가지고 있는 경우가 많습니다. 바로 이 이론을 가지고 변수 간 관계를 설정하는 것입니다. 다음의 예시를 살펴보겠습니다.

[가설 설정 – 선행연구가 없는 경우] Key Point: 변수의 기반이 되는 핵심 이론을 통해 변수 간 관계를 유추합니다.

한편, 포상과 적극행정의 관계는 형평이론에 의해서도 설명될 수 있다. Adams(1965)는 조직구성원들은 주변사람과 자신의 투입물을 비교하여 자신의 노력에 비해 보상이 형평하지 못하다고 인식할 경우 보상에 맞추어 투입이나 산출을 조절하게 된다고 보았다. 즉, 공무원이 적극적인 노력을 통해 우수한 성과를 만들어 내었지만, 이에 대한 적절한 보상이 없는 경우 더 이상 노력을 하지 않게 될 가능성이 크다(Moorman, 1991). 공무원들은 적극행정으로 인해 발생하는 책임, 업무상 부담과 본인이 얻을 수 있는 결과물을 지속비교하게 되는데, 위험에 비해 이득, 즉 보상이 부족한 경우에는 적극행정을 하지 않으려는 심리적 상태가 발현된다는 것이다.

　가설1-1: 포상 경험은 공무원의 적극행정 인식에 긍정적 영향을 미칠 것이다.

장재성·전설희. (2024), '적극행정의 제약 요인이 공무원의 적극행정 인식에 미치는 영향: 조직공정성의 조절효과를 중심으로' 中

위 예시는 적극행정과 관련된 포상과 실제 공무원들의 적극행정 인식과의 관계를 형평이론을 통해 설명하고 있습니다. 일반적으로 널리 받아들여지고 있는 이론인 형평이론에서 설명하고 있는 보상과 노력의 관계를 포상과 적극행정의 관계에 유추적용한 것이죠.

혹은 내가 설정한 변수와 같지는 않지만 유사한 특성을 가지는 변수와의 관계에 대한 선행연구를 근거로 가설을 제시하는 방법도 있습니다. 아래의 사례에서 이 방법이 사용되었습니다.

위와 같은 맥락에서 공무원들이 적극행정 제도의 중요성을 인식하고 수용할 때 적극행정을 실천할 가능성이 크다고 예측할 수 있다. 다만, 이에 대한 직접적 실증 증거는 찾기 어렵다. 하지만 성과관리 제도에 관한 이선우·임현정(2012)의 연구에서 성과관리 제도에 대한 인식이 긍정적인 경찰관들이 실제 성과 등급이 높은 것으로 분석되었으며, 시민참여제도의 수용성에 관한 Walters et al.(2000)의 연구에서 시민참여 제도에 대한 공무원들의 긍정적 인식은 시민참여 제도 본연의 목적 달성 및 시민참여 제도의 활성화를 촉진하는 것으로 나타났다. 이처럼 제도에 대한 높은 수용성이 실제 제도에도 긍정적 영향을 미친다는 실증 증거들은 적극행정 수용성과 적극행정 인식의 관계에 대한 논리적 추론을 뒷받침하는 증거로 활용될 수 있다.

　가설1-2: 적극행정 수용성은 공무원의 적극행정 인식에 긍정적 영향을 미칠 것이다.

장재성·전설희. (2024), '적극행정의 제약 요인이 공무원의 적극행정 인식에 미치는 영향: 조직공정성의 조절효과를 중심으로' 中

보신 것처럼 적극행정 제도 수용성과 적극행정의 관계에 관한 선행연구를 찾을 수 없는 상황에서 다른 제도(성과관리 제도)의 수용성과 제도 효과에 관한 연구들을 인용하면서 가설을 이끌어 낼 수 있었습니다.

가급적 앞의 두 방법 선에서 여러분의 이론적 배경이 완성된다면 좋겠지만, 관련 이론이나 유사한 변수조차 찾기 어려운 주제를 설정하신 분들을 위해 다른 방법을 하나 제안하겠습니다. 새로운 영역의 연구의 경우 연구주제와 관련된 실제 현장의 실태나 관련 종사자들의 인터뷰 결과들을 기반으로 가설을 설정할 수도 있습니다. 다만, 이 방법은 위의 두 방법에 비해 난이도가 높고, 심사 과정에서 그 타당성을 지적받을 가능성이 크기 때문에 주의해야 하며, 초보 연구자에게 그리 추천하지 않습니다.

인터뷰 결과, 대다수의 참여자가 적극적 경찰활동의 영향요인의 핵심요소로 적극적 직무수행에 대한 보상의 적정성과 공정성을 언급하였다.

참여자 1: 경찰관들이 적극적으로 움직이지 않는 이유요? 노력에 대한 현실적인 보상이 이루어지지 않기 때문이라고 생각합니다.

참여자 2: 최근에 도입되고 있는 112 신고처리 수당이나, 수사사건 처리 수당 같은 것도 일하는 만큼 보상해 주려고 하는 제도 같습니다. 하지만, 문제는 이러한 보상이 적극적 경찰활동으로 인해 발생하는 리스크를 감당할 만큼 크지 않다는 거죠.

참여자 3: 최근에는 특진을 목표로 실적 채우려고 열심히 하는 사람도 많습니다. 우리 경찰서에 전국에서 제일 바쁜 ○○지구대가 있는데요. 이 지구대에는 특진 생각하고 오신 직원들이 많아요. 어쨌든 정말 열심히 하시니까 이것도 좋은 모습이라고 생각해요.

참여자 4: 승진하려고 마음먹은 직원들은 또 엄청 열심히 해요.

장재성 (2024), '현장 경찰관의 적극적 경찰활동의 영향요인에 관한 연구: 공정성과 자율성 이론을 중심으로' 中

위 사례에서는 적극적 경찰활동과 공정한 보상의 관계를 설정하기 위해 실제 현장 경찰관과 인터뷰를 실시하였습니다. 인터뷰 결과를 살펴보면 "경찰관이 적극적으로 일하지 않는 것은 적절한 보상이 없기 때문이다", "승진을 목표로 하는 사람들이 열심히 일을 한다"와 같이 적절한 보상이 적극적 경찰활동의 원동력이 될 수 있다는 취지의 진술들을 하였음을 확인할 수 있습니다. 이러한 인터뷰 진술을 근거로 보상의 공정성은 "적극적 경찰활동에 긍정적 영향을 미칠 것이다"라는 가설을 설정할 수 있습니다.

가설 설정과 관련된 설명을 마무리하면서 초보 연구자에게 한 가지 팁을 드리자면, "언제나 최선의 왕도는 선행연구다"라는 것입니다. 앞서 변수 간 관계에 관한 이론적 검토를 가설로 연결하는 여러 가지 요령을 설명하였지만, 사실 선행연구가 충실한 분야를 연구 주제로 선정하였다면 이렇게 어려운 고민을 할 이유가 없습니다. 선행연구에서 연구자가 가설을 도출한 방식을 내 연구에 그대로 적용할 수 있기 때문입니다. 따라서 초보 연구자들은 자나깨나 선행연구를 열심히 읽어야 하는 것이고, 선행연구가 거의 없는 영역의 연구주제는 가급적 멀리 해야 적절한 시간 내에 목표(학위 취득, 논문 게재)를 달성할 수 있는 것입니다.

(5) 연구모형

일반적으로 연구모형은 가설에 대한 기술이 끝난 다음 간략한 그림으로 제시하게 됩니다. 글로 설명했더라도, 간략한 도식으로 연구모형

을 보여준다면 독자와 심사자가 논문의 핵심을 파악하는 데 필요한 시
간이 대폭 감소하기 때문에 가급적 연구모형 그림을 추가하기를 추천
합니다.

앞서 설명한 바와 같이 연구모형은 가설에 대한 논의 다음에 첨부하
는 것이 일반적입니다. 필자의 경우 이론적 배경에서 가설에 대한 논의
를 마치고 연구모형을 제시하는 형태를 선호하지만, 연구자의 선택에
따라 연구설계 파트에서 다루어도 무방합니다.

아래에서는 일반적으로 많이 활용되는 다중회귀모형, 매개모형, 조절
모형을 하나씩 제시하였습니다.

〈다중회귀모형 예시〉

이상의 논의를 종합한 본 연구의 연구 모형은 <그림 1>과 같다.

<그림 1> 연구모형 설계

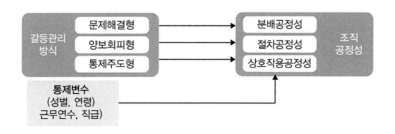

장재성. (2024), '갈등관리 방식이 경찰공무원의 조직공정성 인식에 미치는 영향' 中

〈조절모형 예시〉

이상의 논의를 바탕으로 본 연구의 연구모형을 <그림 2>와 같이 제시하고자 한다.

<그림 2> 연구모형

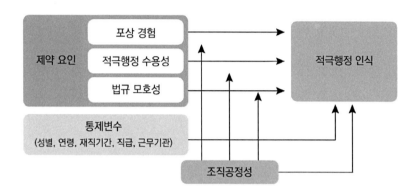

장재성 · 전설희. (2024), '적극행정의 제약 요인이 공무원의 적극행정 인식에 미치는 영향: 조직공정성의 조절효과를 중심으로' 中

〈매개모형 예시〉

이상의 가설을 토대로 한 연구모형은 다음과 같다.

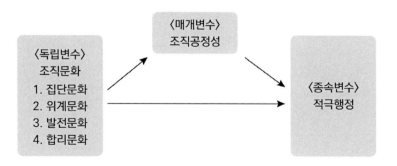

전설희 · 장재성. (2023), '조직문화가 공무원의 적극행정 인식에 미치는 영향에 관한 연구: 조직공정성의 매개효과' 中

　연구모형 작성 시 많이 하는 실수는 가설과 연구모형의 불일치입니다. 연구모형에서 화살표를 통해 영향관계를 설정한 경우 가설 설정에서 해당 경로에 대한 이론적 논의가 반드시 이루어져야 합니다. 반대로 가설에서 다룬 관계라면 연구모형에도 반드시 표현되어야 합니다. 위에서 예시한 조절 모형 사례를 살펴보겠습니다. 연구모형에서 조절변수인 조직공정성은 독립변수(적극행정의 제약요인)가 적극행정 인식에 미치는 영향을 조절하는 것으로 표현되었고, 이와 함께 적극행정 인식에 직접적 영향을 미치는 것으로 연결되어 있습니다. 이 경우 가설 설정에서 조직공정성과 적극행정 인식의 관계에 대한 가설이 포함되어야 하며 양 변수의 관계에 대한 이론적 검토 역시 이루어져야 합니다. 만약 조직공정성과 적극행정의 직접적 관계에 대해서는 검토하지 않을 생각이라면 연구모형에서도 양 변수의 연결하는 화살표가 삭제되어야 합니다.

　연구모형은 연구의 주제, 연구의 제목과 직결되는 요소로, 연구자라면 연구모형만 보고도 연구주제를 파악하고 연구 제목을 설정할 수 있어야 하며, 반대로 연구 제목만 제시되면 해당 연구의 연구모형을 그릴 수 있어야 합니다.

　평소 다양한 논문에 제시된 연구모형과 제목들을 비교해 가면서 연구모형을 보고 연구제목을 설정하거나, 반대로 연구제목만 보고 연구모형을 그린 뒤 실제 제시된 모형과 비교해보는 연습을 해보시길 권합니다.

3. 연구설계 작성 요령

구성순서	작성 내용	중요도	비고
1	변수의 측정방법(측정도구)	☆☆☆	종속 →독립변수 순
2	데이터(표본) 수집과 절차	☆☆☆	생략가능
3	자료의 분석방법(전략)	☆☆	연구필요성과 연계

연구설계는 연구 목적 달성을 위해서 이 연구가 어떻게 설계되었는지, 어떤 데이터를 활용하였으며, 어떤 분석 방식을 사용했는지 등을 객관적으로 밝히는 파트입니다. 따라서, 제4장 분석결과와 함께 연구자가 주관적으로 기술하기보다는 사전에 정해진 순서대로 정확히 기술하는 것이 중요한 파트라 할 수 있습니다.

앞서 설명하였듯이 연구설계 파트에서 가설과 연구모형을 제시할 수도 있지만, 이 책에서는 이미 이론적 배경에서 해당 내용을 모두 설명하였기 때문에 연구설계 파트에서는 가설과 연구모형은 생략하도록 하겠습니다.

연구설계는 1) (이 연구에서 사용한) 변수의 조작적 정의와 측정 방법, 2) 데이터(표본) 수집과 절차, 3) 자료의 분석방법 순으로 작성됩니다. 먼저 변수가 어떻게 조작적으로 정의되고, 어떤 도구를 활용하여 측정되었는지 명시가 되어야 합니다. 또한, 어떤 연구대상을 설정하였으며,

그 이유는 무엇인지 제시합니다. 모집단의 특성을 추정하기 위해 어떤 표본을 사용하였으며, 표본은 모집단에 대해 대표성을 가지는지, 표본 추출과정에 문제는 없었는지 등을 명확하게 밝혀야 합니다. 마지막으로 자료를 분석할 때 어떤 통계기법을 선택하였으며, 그 이유는 무엇인지 역시 제3장에서 제시하는 것이 일반적입니다.

(1) 변수의 조작적 정의와 측정

먼저 이 연구에서 활용되는 변수들을 어떻게 측정할 수 있도록 조작화하였는지, 그리고 해당 변수들은 어떻게 측정하였는지를 선행연구에 근거하여 설득력 있게 제시하여야 합니다. 보통 종속변수 - 독립변수 - 매개(조절)변수 순으로 제시하게 되며, 연구주제에 따라 연구자가 독립변수가 좀 더 중요하다고 생각한다면 독립변수를 먼저 기술하여도 무방합니다. 목차 제목은 '변수의 측정(방법)'을 사용하면 됩니다.

여기에서 가장 중요한 것은 제2장 이론적 배경에서 다룬 변수의 학술적 정의와 제3장에서 제시한 조작적 정의, 그리고 해당 변수에 대한 측정도구가 논리적으로 연결되어야 한다는 것입니다. 예를 들어, 직무만족이라는 변수를 연구대상으로 설정한 경우를 살펴보겠습니다. 직무만족에는 여러 가지 측면이 있을 수 있습니다. 보수에 대한 만족, 직장 내 인간관계에 대한 만족, 혹은 직장에서의 성취감이나 자아실현의 정도 와 같이 여러 가지 요소가 직무만족을 구성하겠죠. 이론적 배경에서는 이러한 직무만족의 다양한 양상을 포괄하여 논의하고, 연구설계에서는 직무만족을 선행연구에 근거하여 '직무 조건 전반에 대한 만족감'으로 조작적 정의하였습니다. 그런데 직무만족에 대한 측정을 "직장 내 인간관계에 만족하나요?", "직장 내 상사에 대해 만족하나요?", "직장 내 동료관계에 대해 만족하나요?" 라는 인간관계에 치중된 3개의 질문만으로 측정하였다면, 어떻게 될까요? 이는 학술적 정의 및 조작적 정의에 부합되지 않는 측정방법이 되는 것입니다. 개념과 측정방법을 일치시키기 위해서는 차라리 직무만족을 "현재 여건을 종합적으로 고려할 때 현재의 직무에 어느 정도 만족하십니까?"라는 단일 질문으로 구성하거나, 복수 질문으로 측정할 경우 보수, 인간관계, 성취감 등 여러 가지 요소들을 측정할 수 있는 질문들로 구성하여야 합니다.

사실 학술적 정의와 조작적 정의, 그리고 변수의 측정 방법을 설득력 있게 일치시키는 것은 초보 연구자들에게는 매우 어려운 작업입니다. 그렇기 때문에, 어느 정도 선행연구에 의해 학술적 정의, 조작적 정의, 측정방법의 일체화가 이루어진 주제를 선정해야 무사히 논문 심사를 통과하고 학위를 받을 가능성이 커집니다. 여러분의 지도교수님들은 모두 이러한 과정을 거쳤으며, 누적된 논문심사 경험을 이 사실을 너무나 잘 알고 있기 때문에, 오늘도 새로운 연구주제를 들고 교수실을 찾아온 대학원생에게, "그대, 선행연구는 찾아보았는가?"라는 질문을 던지시는 것입니다. 선행연구가 없으면 제2장 이론적 배경에서도 고생을 하겠지만, 제3장에서 조작적 정의와 측정방법을 제대로 작성한다는 것은 더더욱 어렵습니다. 다시 한번 강조하지만 가급적 측정도구가 확립되지 않은 변수는 연구주제로 다루지 않는 것이 좋습니다.

구체적으로 논문에서 이 파트를 어떻게 서술하는지 몇가지 예시를 살펴보도록 합시다.

[변수의 조작적 정의와 측정방법] Key Point: 명확한 선행연구에 근거하여 변수의 정의와 어떤 도구를 사용하여 측정하였는지 제시합니다.

1. 서번트 리더십

서번트 리더십은 타인에 대한 봉사에 초점을 둠으로써, 종업원과 고객 및 커뮤니티를 우선하여 이들의 욕구를 만족시키는 것에 최우선 가치를 두는 리더십으로 정의하였다(Greenleaf, 1977). 서번트 리더십의 측정에는 Liden 등(2014)이 고안한 7개 항목을 사용하였다. 이는 Liden 등(2008)이 고안한 28개의 서번트 리더십 측정 항목을 단일차원의 개념으로 재구성한 것으로, 원문을 경찰조직의 실태에 맞게 일부 수정하여 활용하였다. 7개의 항목 중 하나의 항목은 요인분석 과정에서 다른 요인으로 분류되어 제외하고 최종적으로 서번트 리더십으로 6개의 항목을 사용하였다.

박홍준 · 장재성(2022), '경찰조직에서 서번트 리더십이 조직효과성에 미치는 영향: 상사신뢰의 조절효과를 중심으로' 中

위 사례에서 Greenleaf(1977)의 정의를 사용하여 서번트 리더십을 조작화, 측정하였음을 명시하고 있습니다. 그리고 구체적인 측정방식에 있어서는 Liden과 그 동료들의 연구(2014)에서 사용된 7문항을 사용하였음을 밝혔으며, 이 문항의 개발과 적용에 대한 간략한 연혁을 제시하였습니다. 다만, Liden et al.(2014)에서 제시한 7개 문항을 사용하여 서번트 리더십을 측정하였으나, 그중 하나의 문항이 요인분석 과정에서 탈락하여 최종적으로 6개의 문항이 서번트 리더십 항목으로 사용되었다고 밝히고 있습니다. 연구마다 연구의 대상, 사회적 문화와 환경, 표본의 특성들이 다르기 때문에 선행연구에서 확립된 문항을 사용하였다하더라도 요인분석 시 탈락하는 문항이 일부 발생할 수 있습니다. 이럴 때는 해당 문항들은 최종 분석에서 삭제하고 분석하면 되기 때문에 큰 문제는 없습니다. 다른 논문에서의 예시를 하나 더 살펴보겠습니다.

1) 조직공정성

조직공정성은 조직 내에서 보상의 분배나 그 결정과정 및 상호작용 과정에서의 형평과 공정함의 정도로 정의되며(Greenberg, 1990) 앞서 논의한 바와 같이 분배공정성, 절차공정성, 상호작용공정성 3개의 요인으로 구분하여 측정, 분석하였다(Homans, 1958; Leventhal, 1980; Bies, 1986). 측정 문항은 Greenberg(1990)의 연구를 기초로 최낙범·엄석진(2013)이 국내 연구에 적용한 12개 문항(분배공정성 4문항, 절차공정성 4문항, 상호작용공정성 4문항)을 활용하였다.

장재성. (2024), '갈등관리 방식이 경찰공무원의 조직공정성 인식에 미치는 영향' 中

 여기서도 앞의 사례와 마찬가지로 Greenberg(1990)의 논의를 토대로 조직공정성의 조작적 정의를 제시하였으며, 다양한 선행연구에 근거하여 조직공정성을 분배공정성, 절차공정성, 상호작용공정의 3요인 이론에 기초하여 측정함을 명시하고 있습니다. 이와 같이 논의한 경우 측정도구 역시 분배공정, 절차공정, 상호작용공정 3요인을 모두 포괄하여야 논리적 연결이 이루어지는 것이라고 앞에서 설명하였습니다. 위 사례에서도 선행연구에 근거하여 각 요인별로 4개씩, 총 12개 문항을 조직공정성을 측정하기 위해 사용했음을 명시하고 있습니다.

 이 과정에서 많이 질문하는 것이 바로 연구에 사용한 설문문항을 모두 구체적으로 밝혀야 하는가? 라는 질문입니다. 출판되는 논문들을 살펴보면 몇 가지 스타일이 있습니다. 먼저 학위 논문의 경우에는 설문지 그 자체를 부록으로 논문 뒤에 첨부하여 공개하는 것이 일반적입니다. 두 번째, 본문에서 설문문항을 간략히 제시하는 방식입니다. 세 번째는 표로 설문문항을 공개하는 방식입니다. 마지막으로 설문의 출처와 몇 개 문항을 사용하였는지 정도만 명시하고, 구체적인 문항에 대한 설명은 생략하는 경우가 있습니다. 일부 논문의 경우 어떤 측정도구를 사용했는지에 대한 설명이 아예 생략된 경우도 있는데, 이러한 경우 연구결과를 신뢰할 수 없어 대부분 심사과정에서 지적을 받기 때문에 꼭 설명하여야 합니다. 각 방식의 구체적 작성방법은 다음의 사례를 참고하세요.

〈부록에 설문지를 첨부한 유형〉

부록

설 문 지

> 본 설문지의 내용은 통계법 제 13조(비밀의 보호), 제 14조(통계작성사무 종사자
> 등의 의무)에 의거하여 비밀이 보장되며, 통계적 목적 이외에는 사용되지 않습니다.

안녕하십니까?

저는 ○○대학원 박사과정에 재학 중인 ○○○입니다.

본 설문조사는 ○○조직 발전을 위한 연구자료를 수집하고자 작성된 것입니다. 귀하가 응답한 내용들은 연구 목적으로만 사용되면 철저히 익명으로 처리됩니다.

또한, 귀하가 속한 기관이나 부서에 어떠한 정보도 일체 노출되지 않을 것입니다. 각 질문들은 정답이 없는 만큼 각 질문들에 대하여 귀하의 생각이나 느낌을 바탕으로 응답해 주시면 됩니다.

본 설문은 총 77문항으로 이루어져 있으며 작성에 약 10~15분이 소요됩니다.

바쁜 와중에 소중한 시간을 내주셔서 진심으로 감사드립니다.

2023년 4월

연구책임자 ○○○

이메일 ○○○@mail.com

연락처 : 000-00000000

장재성 (2024), '현장 경찰관의 적극적 경찰활동의 영향요인에 관한 연구: 공정성과 자율성 이론을 중심으로' 中

〈본문에서 제시하는 유형〉

　본 연구의 종속변수는 공무원의 적극행정 인식이다. 본 연구에서 적극행정은 '공무원이 공익을 위하여 창의와 전문성을 바탕으로 적법한 범위 내에서 성실하고 적극적으로 직무를 수행하는 자세'로 정의하였으며, 전설희 · 장재성(2023), 김재형 외(2020) 등 여러 연구에서 타당도와 신뢰도가 확인된 5개 문항을 사용하였다. 구체적인 문항은 1) 새롭고 독창적인 업무 방식의 적용, 2) 문제해결을 위해 새로운 아이디어를 발굴, 3) 적극적으로 노력하는 자세, 4) 판단기준을 이해관계자에게 설명, 5) 개인의 가치보다 공직의 의무를 중시이다. 각 항목은 리커트 5점 척도로 측정하였다.

장재성 · 전설희. (2024), '적극행정의 제약 요인이 공무원의 적극행정 인식에 미치는 영향:조직공정성의 조절효과를 중심으로' 中

〈표로 제시하는 유형〉

<표 3> 변수의 측정

변수		측정문항	출처
독립 변수	서번트 리더십	나의 상사는 업무 관련 사항들이 잘못될 때 이를 알려줄 수 있음	Liden et al. (2014) Liden et al. (2008)
		나의 상사는 구성원들의 경력개발을 중요하게 생각	
		나의 상사는 구성원들이 개인적 문제가 생겼을 때 기꺼이 도와줌	
		나의 상사는 지역사회(조직)에 기부(기여)하는 것을 중요히 강조	
		나의 상사는 자신의 이익보다 구성원의 이익을 우선시	

		나의 상사는 성공하기 위해 윤리적 원칙을 포기하지 않음	
종속 변수	조직몰입	나는 현재 근무하고 있는 직장에 강한 소속감을 느낌	강영철 · 최낙범 (2019) Allen&Meyer (1990)
		나는 조직 업무수행을 통해 공익실현 할 수 있어 자긍심 느낌	
		지금의 직장은 열과 성을 다해 열심히 일할 가치 있음	
		나는 정년까지 지금의 직장에서 보내고 싶음	
		나는 현재 근무하는 직장에서 가족애를 느낌	
		나는 지금 근무하는 직장에 대해 정서적으로 강한 애착을 느낌	
	직무만족	내 조직은 중요 정책결정과정에 구성원의 의견과 관심을 잘 반영	정지수 · 최혜민 (2020)
		내 직무는 승진과 자기발전을 위한 좋은 기회를 제공	
	조직시민 행동	나는 도움이 필요한 동료직원을 도움	Koys (2001)
		나는 동료를 존중하여 그에게 피해가 없도록 노력	
		나는 업무수행에 있어 책임감을 갖고 일하는 편	
조절 변수	상사신뢰	나의 상사는 나를 공정하게 대우	임창호 (2020) Cook&Wall (1980)
		나의 상사는 직원들을 속임으로써 이익을 얻으려 하지 않음	
		나는 상사의 정직함에 대해 전폭적으로 신뢰	
		나는 상사에 대한 강한 충성심을 가지고 있음	
		나는 어떠한 위기 상황에서도 내 상사를 지지	

박홍준 · 장재성(2022), '경찰조직에서 서번트 리더십이 조직효과성에 미치는 영향: 상사신뢰의 조절효과를 중심으로' 中

(2) 데이터 수집 절차

다음으로 연구설계에서는 이 연구에서 활용한 데이터를 어떻게 수집하였는지, 어떤 표본을 사용했는지를 명확하게 밝혀야 합니다. 신뢰할 수 없는 데이터를 사용한 분석은 무의미하기 때문에 이 과정을 기술하는 것은 매우 중요하다고 할 수 있습니다.

이 파트의 목차는 논문에 따라 매우 다양하게 사용됩니다. '자료수집 과정(절차)', '표본의 특성', '표본 선정(추출)' 중 하나를 골라 활용하면 됩니다. 구체적인 기술방식은 어떤 데이터를 수집하여 분석하였는지에 따라 다르지만, 여기서는 일반적으로 가장 많은 유형의 연구인 설문조사를 활용한 연구에 맞추어 설명하겠습니다.

일반적 작성순서는 1) 데이터의 수집 절차와 방법 및 그 적절성에 대한 설명, 2) 조사 건수와 응답율, 회수율, 최종 분석대상 자료 수와 최종분석에 포함되지 않은 응답의 수와 사유, 3) 표본의 분포와 특성입니다.

첫 번째, 데이터의 수집 절차와 방법에서는 표본의 수집 기간, 조사 대상자, 설문 배포의 방식 등을 설명합니다. 이에 덧붙여 조사과정에서 연구윤리적인 문제(인위적인 답변 강요, 허위 응답 등)가 발생하지 않았는지를 기술합니다. 표본의 대표성 확보를 위한 노력이 있었다면 이 역시 설명하는 것이 좋습니다. 몇 가지 작성 사례를 살펴보겠습니다.

[데이터의 수집 절차와 방법] Key Point: 자료수집 기간, 조사 대상, 설문 방식, 조사응답률, 표본의 분포 등 기본사항을 설명하고 표본의 대표성과 관련된 설명 역시 추가합니다.

> 본 연구의 가설검증을 위해 경찰인재개발원 교육생을 대상으로 설문조사를 실시하였다. 경찰인재개발원은 재교육·훈련 기관으로서 전국 경찰관서의 경찰관 및 소속 공무원을 교육대상으로 한다. 교육대상자 선발 시에는 광역시도별로 일정한 인원을 할당하고 시도경찰청별로 대상자를 추천받아 최종적으로 교육대상자를 확정하는 방식으로 이루어진다.
>
> 본 연구의 자료수집을 위해 교육담당자의 협조를 얻어 연구자가 교육시간에 참여하여 교육생들에게 연구의 목적을 설명한 뒤 연구 참여에 대한 동의를 받았다. 이후 동의한 경찰관에게 온라인으로 설문조사 링크를 배포하여 설문조사를 실시하였다. 조사기간은 2020년 3월부터 12월까지 약 9개월에 걸쳐 이루어졌다.
>
> 장재성·최낙범. (2022). '절차적 정의와 행정대응성의 관계에 관한 연구: 일선 경찰관의 재량권을 중심으로' 中

위 사례에서는 자료수집의 대상과 기간이 명시되어 있으며, 연구와 관련하여 참여자들에게 동의를 받고 자율적으로 응답 받았음을 제시하고 있습니다. 또한, 경찰인재개발원의 교육인원은 시도 경찰청의 총 인원에 비례하여 할당한다는 사실을 설명함으로써 본 연구의 표본 역시 실제 전국 경찰인원 비례에 맞게 구성된 표본임을 강조하고 있습니다.

다음으로 조사건수와 회수율, 최종분석에 포함되지 않은 조사 건수 등을 설명합니다. 아래와 같이 간단하게 제시하면 됩니다. 설문응답을 하였으나 최종분석에 제외되는 경우는 대부분 일부 항목을 응답하지 않고 설문지를 제출하였거나(결측치가 있는 경우), 모든 항목에 응답을 하긴하였으나 성의가 없는 경우(모든 항목에 '3. 보통'을 체크한 경우) 등이 있습니다. 이러한 경우에는 해당 설문은 연구결과를 왜곡할 수 있으므로 제외하는 것이 좋습니다.

> 설문조사는 324건을 배포하여 288건을 수집하였으며(회수율 88.9%), 이 중 결측치 있는 응답 2건을 제외한 286건의 자료를 분석하였다.
>
> 박홍준·장재성(2022), '경찰조직에서 서번트 리더십이 조직효과성에 미치는 영향: 상사신뢰의 조절효과를 중심으로' 中

> 총 360건의 설문을 배포하고 이 중 358건의 응답을 확인, 회수하였으며(응답률 99.4%), 3) 이 중 결측치가 있거나 무성의한 응답을 보인 2건을 제외한 356건을 최종 분석대상으로 선정하였다.
>
> 3) 연구에 동의한 경우에 한하여 설문지를 배포하였기 때문에 극히 일부를 제외한 대부분의 대상자가 설문응답을 제출하였다.
>
> 장재성·전설희. (2024), '적극행정의 제약 요인이 공무원의 적극행정 인식에 미치는 영향: 조직공정성의 조절효과를 중심으로' 中

154 초보 연구자를 위한 논문작성 규칙

위 두 번째 사례와 같이 응답률이 99.4%로 지나치게 높은 경우 심사
자들이 연구참가의 자율성, 연구자의 응답 조작 등을 의심할 가능성이
있기 때문에 높은 응답률에 대한 설명을 미리 각주로 설명해주는 것이
좋습니다.

마지막으로 표본의 분포와 관련된 특성들을 표로 제시하면서 간략하
게 설명해 줍니다. 표본의 특성은 인구통계학적 특성(성별, 연령, 경력,
학력, 근무부서 등)에 따라 분류, 제시하는 경우가 대부분입니다. 대부분
표에 수치를 제시하고, 본문에서 표의 수치들을 풀어서 설명하는 수준
으로 작성하기 때문에 어렵지 않습니다. 사실상 아래의 예시에서 특성
의 종류와 수치만 내 연구에 맞게 바꾸어서 쓰면 됩니다.

표본의 인구통계학적 특성은 <표2>에 제시하였다. 성별은 남성이
176명으로 61.5%, 여성이 110명으로 38.5%를 차지하였으며, 연령은
30대가 104명, 36.2%로 가장 많고, 50대가 74명으로 25.8%, 20대
61명, 21.1%, 40대 47명, 16.2% 순이었다. 계급은 경위 이하 실무자
가 261명으로 91.3%를 차지하였으며, 경감 이상 관리자는 25명으로
8.7%로 나타났다. 재직기간별로 살펴보면 5년 이하가 140명(48.9%)
으로 가장 큰 비중을 차지하였으며, 11~15년이 17명(5.8%)으로 가장
적은 분포를 보였다.

<표 2> 인구통계적 특성(N=286)

항목	구분	빈도(명)	비율(%)
성별	남성	176	61.5
	여성	110	38.5
연령	20대	61	21.1
	30대	104	36.2
	40대	47	16.2
	50세 이상	74	25.8
계급	경위 이하	261	91.3
	경감 이상	25	8.7
재직기간	5년 이하	140	48.9
	6년-10년	33	11.4
	11년-15년	17	5.8
	16년-20년	19	6.6
	21년 이상	77	26.5

박홍준 · 장재성(2022), '경찰조직에서 서번트 리더십이 조직효과성에 미치는 영향: 상사신뢰의 조절효과를 중심으로' 中

　표본의 특성을 제시함에 있어서 연구자는 다시 한번 표본의 대표성을 고려할 필요가 있습니다. 표본이 특정 집단에 몰려 있는 경우, 예를 들어 50대 이상이 대부분을 차지한다든가, 남성이 90%이상을 차지하는 경우에는 반드시 이에 대한 설명을 해주어야 합니다. 예를 들어, 모집단 자체가 남성 비율이 90%인 경우 이를 설명해 준다면 남성에 치우친 표본은 큰 문제가 없겠지요. 편중된 표본에 대한 적절한 설명이 어렵다면 이 부분은 마지막 결론부의 연구의 한계부분에서 다루어 주어야 합니다. 이것과 관련된 자세한 내용은 후에 설명하겠습니다.

　반대로 내 연구의 표본이 매우 대표성 있는 표본으로 다른 사람에게 자랑할 만할 경우에는 어떻게 하는 것이 좋을까요? 그럴 때는 이 파트에서 표본의 특성과 모집단의 실제 특성을 비교해 주면서 강조하는 것이 좋습니다. 아래의 예시를 살펴보겠습니다.

    <표 1>에서 응답자의 소속 시도경찰청과 경찰청 전체의 지역별 정원비율을 비교하여 제시하였으며, 모집단 내에서 지역별 정원이 차지하는 분포와 상당히 유사하게 나타내고 있어 대표성을 확보한 자료라고 볼 수 있다.

<표 1> 표본의 지역별 분포 및 모집단과의 비교

항목	구분	연구표본(N=441)		경찰전체(모집단)
		인원(명)	백분율	백분율a)
근무지 (소속 시도경찰청)	서울	70	15.9	23.4%
	부산	34	7.7	7.4%
	대구	21	4.8	4.7%
	인천	22	5	5.2%
	광주	12	2.7	2.8%
	대전	17	3.9	2.6%
	울산	11	2.5	2.0%
	경기	92	20.9	19.1%
	강원	17	3.9	3.5%
	충북	25	5.7	2.9%
	충남	27	6.1	4.2%
	전북	16	3.6	4.0%
	전남	21	4.8	4.4%
	경북	20	4.5	5.3%
	경남	22	5	5.7%
	제주	8	1.8	1.4%
	기타	6	1.3	1.3%

a) 경찰 전체의 백분율은 2019년 경찰통계연보의 통계자료에 근거하였음

    장재성·최낙범. (2022). '절차적 정의와 행정대응성의 관계에 관한 연구: 일선 경찰관의 재량권을 중심으로' 中

(3) 분석 방법

이 파트는 통계분석에 들어가기에 앞서 이 연구에서 사용하는 통계적 기법과 절차에 대해 간략히 제시해 주는 파트입니다.

이 파트는 꼭 제3장 연구설계에 기술되어야 하는 것은 아니며, 제4장 앞부분에 제시하여도 무방합니다. 또한, 초보 연구자의 경우 보통 널리 사용되는 회귀분석 등의 방법을 사용하는 경우가 많은데, 이처럼 일반화된 분석방법을 사용할 경우에는 생략할 수도 있습니다.

반대로 분석방법이 꼭 설명되어야 하는 경우도 있습니다. 먼저, 데이터 특성에 따라 일반적으로 사용되지 않는 특수한 통계분석 방법을 적용한 경우, 왜 이런 방식을 사용하게 되었으며, 이 연구에서 사용하는 통계분석 방식이 데이터의 특성이나 연구목적 달성에 적합하다는 사실을 논증해야 합니다. 또한 새로운 분석기법 자체에 연구의 필요성과 차별성이 있는 경우에도 이에 대한 설명이 꼭 필요합니다. 이러한 연구에는 기존 통계방식의 문제점을 제시하고, 이 연구에서 사용하는 분석방법이 기존 방식의 문제점과 오류 가능성을 어떻게 보정할 수 있는지 디테일하게 설명되어야 합니다. 하지만 이런 연구들은 초보 연구자가 택하기 쉽지 않기 때문에 여기에서는 일반적인 회귀분석을 활용한 연구에서의 분석방법 서술 예시만 몇 가지 살펴보겠습니다. 제3장 연구설계와 제4장 분석결과는 통계용어를 아예 사용하지 않을 수는 없기 때문에 초보 연구자에게는 조금 어려운 용어들이 있을 수 있습니다.

[데이터의 수집 절차와 방법] Key Point: 분석방법과 분석순서를 중심으로 선행연구에 근거하여 기술합니다. 데이터에 따라 해당 분석방법을 선택한 사유를 설명하면 더욱 좋습니다.

3. 분석방법

본 연구의 목적은 경찰 관리자들의 갈등관리 방식이 구성원의 조직 공정성 인식에 미치는 영향을 검증하는 것이다. 가설 검증에 앞서, 측정에 사용된 도구의 적절성을 확인하기 위해 탐색적 요인분석과 크론바흐 α를 활용한 신뢰도 분석을 실시하였다. 이어 각 변수들의 기술통계를 확인하고 본 분석에 앞서 변수 간 유의한 상관관계가 있는지 확인하기 위하여 상관관계 분석을 실시하였다. 가설의 검증은 다중회귀분석을 활용하였으며, 이상의 통계분석은 SPSS 25.0 버전을 활용하였다.

장재성. (2024), '갈등관리 방식이 경찰공무원의 조직공정성 인식에 미치는 영향' 中

위의 연구는 가장 일반적인 영향관계 분석기법인 다중회귀분석을 사용하였기 때문에 분석방법에 대한 상세한 설명은 생략하고, 통계분석 및 결과제시 순서에 대해서만 간략하게 기술하고 있습니다.

본 연구에서는 가설검증을 위해 다중회귀분석과 위계적 회귀분석에 의한 조절효과 분석 방법을 사용한다. 독립변수가 종속변수에 미치는 영향에 관한 가설은 다중회귀분석을 통해 검증하고, 조절효과는 독립변수와 조절변수의 상호작용항(interaction term)을 회귀식에 투입하여 유의성을 살펴보는 방법으로 검증하고자 한다. 이 방법은 조절효과를 분석한 여러 연구에서 널리 활용되고 있다(원숙연·성민아, 2023; 전예진 외, 2023). 조절변수가 범주형 변수일 경우 구조방정식 모형에 의한 다중집단분석이나 ANOVA에 의해서도 조절효과 분석이 가능하나, 본 연구의 경우 조절변수가 연속형 변수이며, 종속변수인 적극행정 인식이 하나의 변수이기 때문에 위계적 회귀분석으로 조절효과를 탐색하는 것이 적절하다고 판단하였다.

다중공선성의 문제를 피하기 위해 각 상호작용항은 평균집중화(mean centering) 방식으로 산출하였다. 본 분석에 앞서 탐색적 요인분석과 크론바흐 α값을 통해 변수 측정의 타당도와 신뢰도를 확인한다. 또한, 본 연구의 모든 변수는 단일한 자료원에 의해 측정된 것으로 동일방법의 편의(common method bias) 문제가 있을 수 있으므로, Haman's single factor test를 통해 이를 확인한다. 이어 각 변수의 기술통계와 상관관계 분석을 실시하고, 위계적 회귀분석을 통해 가설을 검증한다. 이상의 통계적 분석에는 SPSS 25.0이 사용되었다.

장재성·전설희. (2024), '적극행정의 제약 요인이 공무원의 적극행정 인식에 미치는 영향: 조직공정성의 조절효과를 중심으로' 中

반면, 위 논문은 위계적 회귀분석에 상호작용항을 투입하여 조절효과를 분석하는 연구로, 일반적으로 분석방법 서술에 필요한 내용들을 포함하면서, 위계적 회귀분석 방식을 조절효과 분석 방법으로 선택했는지를 연구에 사용된 변수의 특성과 연계하여 설명하고 있습니다(일반적으로 연속형 조절변수인 경우 위계적 회귀분석 방법이 가장 널리 활용됨을 선행연구를 인용하여 제시). 사실 이러한 설명이 추가된 이유는 심사과정에서 심사자가 왜 위계적 회귀분석에 의한 조절효과 분석 방식을 채택하였는지에 대한 이유를 논문에 보강 서술하라고 지적하였기 때문입니다.

변수측정의 수준과 척도

변수를 측정하는 수준에 따라 명목척도, 서열척도, 등간척도, 비율척도의 4가지의 척도로 구분할 수 있습니다. 명목 → 비율척도로 갈수록 많은 양의 정보를 담고 있으며, 다양한 분석이 가능하다고 이해하면 됩니다. 척도의 개념은 양적 연구의 이해에 필수적일 뿐만 아니라, 변수의 척도에 따라 사용하는 통계기법이 다르기 때문에 반드시 이해하고 있어야 하는 핵심 개념입니다

(1) 명목척도
단순히 측정값 사이의 구분만 가능한 척도로, 척도 간 순서의 우열이 없으며, 사칙연산이 불가능합니다. 예를 들어, 핸드폰 브랜드 선호도를 측정하면서 보기를 '1. A사 2. B사 3. C사 4. D사'로 제시하였다면 각 회사의 구분은 가능하지만 우열구분이나 연산 등은 불가능하므로 명목척도에 해당합니다.

(2) 서열척도
측정값의 구분이 가능하며 측정값 사이에 순서가 있는 척도입니다.

다만, 순서별 측정값 사이의 간격은 동일하지 않으며, 사칙연산이 불가능합니다. 직급을 '사원, 주임, 대리, 과장, 차장, 부장' 순으로 구분하여 측정한다면 순서는 구분할 수 있지만 사원과 주임의 차이가 대리와 과장의 차이와 같지는 않기 때문에 서열척도라고 할 수 있습니다.

(3) 등간척도

측정값 사이에 순서도 있고, 간격이 일정한 척도를 의미합니다. 다만 절대적인 영(0)점이 존재하지 않습니다. 예를 들면 온도나 지능지수의 경우 1도(1점) 간 간격은 같지만 영점이 임의적이며(섭씨 0도와 화씨 0도는 서로 다른 온도입니다) 영상 20도가 영상 10도에 비해 두 배 따뜻한 것은 아니므로 등간척도에 해당됩니다.

(4) 비율척도

등간척도의 조건을 모두 갖추면서, 절대적인 영점이 존재하는 척도입니다. 예를 들어 키나 몸무게 같은 경우 아무것도 존재하지 않는 절대영점이 있고, 2m는 실제 1m보다 2배 길기 때문에 비율척도에 해당합니다.

4. 분석결과 작성 요령

구성순서	작성 내용	중요도	추천 분량
1	측정도구의 신뢰도와 타당도 분석	☆☆☆	반드시 기술
2	기술통계와 상관관계분석	☆☆	생략가능
3	집단 간 평균차이 분석	☆	생략가능
4	영향관계 분석(가설 검증)	☆☆☆	반드시 기술
5	분석결과 논의	☆☆☆	결론과 통합 가능

제4장은 양적 연구의 핵심인 통계분석에 대한 결과를 서술하는 장입니다. 사실 이 장의 내용을 작성하기 위해서는 연구자가 사용한 통계분석 기법에 대한 명확한 이해가 우선되어야 합니다. 또한, 어떤 방법을 사용하여 분석하였는가에 따라서 서술 방법이 달라지지만, 이 책에서는 가장 널리 사용되는 회귀분석을 활용해서 변수 간 영향관계를 분석한 연구에 맞추어 설명하도록 하겠습니다. 제4장 역시 제3장과 마찬가지로 서술 방법이 정형화되어 있기 때문에 다음의 순서에 따라 그대로 작성하면 되고, 통계방법에만 익숙해진다면 빠르고 쉽게 작성할 수 있습니다.

(1) 측정도구의 신뢰도와 타당도 분석

다시 한번 말씀드리지만, 설문도구를 사용해서 변수를 측정한 연구에서는 사용된 도구의 신뢰도와 타당도 분석이 필수입니다. 신뢰도와 타당도가 확보되지 않은 도구로 측정한 값은 신뢰할 수 없고, 신뢰할 수 없는 값을 기초로 한 통계분석 역시 아무런 의미가 없는 숫자에 불과하기 때문입니다.

이 책에서는 탐색적 요인분석 결과와 신뢰도 판단에 활용되는 크론바흐 α값을 논문에 기술하는 요령에 대해 살펴보겠습니다.

[**타당도와 신뢰도 분석**] Key Point: '타당도 → 신뢰도' 순서로 분석에 활용된 분석기법, 모형적합도와 분석결과 순으로 제시하면 됩니다.

본 분석에 앞서 측정도구의 타당도와 신뢰도를 확인하였다. 측정에 활용된 설문항목들에 대해 탐색적 요인분석(주성분 방식, varimax 회전 적용)을 실시한 바, KMO 측도는 0.922, 구형성 검정결과는 p =. 000 으로 투입된 항목들은 요인분석에 적정한 것으로 확인되었다. 구체적인 요인분석 결과는 아래의 <표 3>과 같다. 모든 항목들이 탈락되는 문항 없이 이론적 가정과 동일하게 분류되었으며 요인적재량은 0.613 ~ 0.889로 나타나, 견고한 요인구조를 가지고 있음이 확인되었다. 신뢰도는 최저 0.745(양보회피)에서 최대 0.930(문제해결)으로 나타나 모든 변수가 일반적으로 통용되는 신뢰도 기준치 0.7을 상회하였다. 따라서 본 연구의 변수들은 타당도와 신뢰도가 충분히 확보되었다고 평가할 수 있다.

<표 3> 탐색적 요인분석 결과

구분	1	2	3	4	5	6	7	신뢰도
분배공정성	−0.08	0.831	0.185	0.172	0.217	0.152	−0.008	0.918
	−0.108	0.831	0.177	0.155	0.256	0.091	−0.021	
	0.005	0.798	0.201	0.349	0.114	0.091	0.047	
	0.019	0.753	0.215	0.371	0.134	0.103	0.079	
절차공정성	−0.028	0.345	0.24	0.722	0.125	0.23	0.073	0.877
	−0.035	0.428	0.194	0.717	0.129	0.189	0.097	
	−0.042	0.289	0.2	0.699	0.334	0.095	−0.03	
	0.052	0.21	0.137	0.672	0.409	0.101	−0.014	
상호작용공정성	−0.097	0.317	0.26	0.171	0.678	0.165	0.072	0.888
	−0.144	0.239	0.364	0.243	0.676	0.123	−0.008	
	−0.198	0.246	0.296	0.301	0.666	0.195	−0.152	
	−0.16	0.162	0.306	0.419	0.662	0.149	−0.09	

문제 해결형	−0.2	0.228	0.791	0.185	0.266	0.113	−0.081	0.930
	−0.172	0.259	0.79	0.193	0.245	0.127	−0.091	
	−0.262	0.211	0.731	0.201	0.243	0.159	−0.1	
	−0.227	0.255	0.726	0.221	0.289	0.115	−0.071	
양보 회피형	0.304	−0.013	−0.181	0.005	−0.098	−0.004	0.782	0.745
	0.323	−0.033	−0.165	0.028	−0.126	−0.053	0.747	
	−0.054	0.064	0.21	0.067	0.009	0.005	0.7	
	0.307	0.058	−0.273	−0.06	0.148	0.109	0.613	
통제 주도형	0.862	−0.071	−0.165	−0.074	−0.1	0.002	0.148	0.901
	0.853	−0.038	−0.139	−0.086	−0.127	−0.006	0.138	
	0.832	0	0	0.069	−0.041	−0.029	0.071	
	0.807	−0.053	−0.142	−0.087	−0.142	−0.035	0.168	
	0.736	−0.029	−0.195	0.067	0.012	−0.075	0.139	

장재성. (2024), '갈등관리 방식이 경찰공무원의 조직공정성 인식에 미치는 영향' 中

위와 같이 타당도와 신뢰도를 하나의 표에 표시하고 본문에서는 표의 수치를 설명하는 형태로 서술하면 됩니다. 먼저 탐색적 요인분석의 방법(주성분 방식)과 요인회전방식(varimax)을 제시하고 다음으로 KMO 측도와 Bartlett의 구형성 검정을 통한 요인분석 모형의 적합도 판단 결과를 제시하고 있습니다. 다음으로 표에 나타난 각 요인의 구조와 요인적재량의 범위를 설명하고, 공통요인으로 분류하는 기준인 0.4를 상회하는지 여부를 판단, 제시하였습니다. 마지막으로 각 변수별로 신뢰도 분석결과 수치를 보고하고 기준치인 0.7을 상회하였는지 판단하고 있습니다.

타당도 및 신뢰도 관련 용어 설명

　통계 관련 용어들은 통계분석 관련 서적이나 통계수업 시간을 통해
별도로 학습하여야 논문을 작성할 수 있습니다. 이 책에서는 통계가 아
닌 논문작성 요령을 설명하고 있기 때문에 통계용어는 책의 설명을 이
해할 수 있을 정도로 최소한의 개념만 제시하도록 하겠습니다.

　1. 주성분 분석 방식, varimax 요인회전방식
　요인분석에 활용되는 방식에는 여러 가지가 있습니다. 여기서는 일반
적으로 가장 많이 활용되는 방식이 주성분 분석에 varimax 직교회전 방
식이라는 정도만 이해하고 넘어가겠습니다.

　2. KMO 측도와 Bartlett의 구형성 검정
　Kaiser－Meyer－Olkin(KMO) 측도와 구형성 검정은 요인분석에 투
입된 설명 문항들이 요인분석에 적합한지 평가하는 측도입니다. 일반적
으로 KMO 값이 0.7 이상이면 양호하며, 0.9 이상이면 우수한 것으로
판단합니다. 구형성 검정 결과 p값은 0.05 이하인 경우 적절한 것으로
판단합니다.

　3. 요인적재량
　쉽게 말하자면 이 설문항목이 해당 요인으로 분류되기에 얼마나 적절
한지를 나타냅니다. 1에 가까울수록 해당 요인에 적합하다는 것을 의미
하며, 일반적으로 0.4이상의 값을 가지는 경우 적절한 수준으로 평가합
니다. 앞의 사례에서는 분배공정성(4문항), 절차공정성(4문항), 상호작
용공정성(4문항), 문제해결형 갈등관리(4문항), 양보회피형 갈등관리(4
문항), 통제주도형 갈등관리(5문항)의 6개 변수를 측정하기 위해 총 25
개의 설문문항이 사용되었습니다. 이 중 분배공정성을 측정하기 위한

문항 중 가장 윗줄의 문항을 요인적재량을 살펴보면, 주요인으로 분류된 2번 요인에 적재량이 0.831로 다른 요인에 비해 매우 높습니다. 분배공정성의 나머지 3개 문항도 2번 요인에 대한 적재량이 가장 크며 모두 0.4이상입니다. 이러한 경우 분배공정성 4개 문항은 하나의 개념을 측정하기 위한 문항으로 타당도를 가진다고 평가할 있습니다. 만약, 하나의 문항이 요인적재량이 0.4 이하라면 그 문항은 최종분석에서 제외하는 것이 타당합니다. 혹은 분배공정성 4개 문항 중 하나의 문항이 2번 요인이 아니라 5번 요인의 적재량이 가장 높게 나타난다면, 해당 문항은 분배공정성이 아닌 다른 개념 측정에 더 적합하기 때문에 이 역시 삭제하는 것이 타당합니다.

4. 신뢰도 분석결과

신뢰도 분석결과는 설문항목별로 실시하는 것이 아니라 변수별로 실시합니다. 위 사례에서 분배공정성에 해당하는 4개 문항의 크론바흐 α 값을 계산한 결과, 기준치인 0.7을 훨씬 상회하는 0.918이라는 값이 나왔습니다. 이 경우 분배공정성의 4가지 설문항목은 신뢰도를 갖추었다고 평가할 수 있습니다. 만약 신뢰도 값이 0.7 이하인 경우 신뢰도를 저하시키는 항목을 삭제하는 등의 보완이 필요합니다.

5. 기타 공통성과 설명된 총 분산(총 설명력)

공통성은 각 항목이 추출된 요인에 의해 설명되는 비율을 의미하는데, 일반적으로 0.4 이하인 경우 모형적합도를 해치기 때문에 삭제하는 것이 좋습니다. 설명된 총분산은 추출된 요인이 전체 설문항목을 얼마나 잘 설명하는지 나타낸 수치로 60% 이상이면 양호한 것으로 판단하게 됩니다.

분량 제한이 엄격한 학술논문의 경우 타당도 분석표를 생략하는 경우도 있습니다. 다음 사례를 살펴볼까요?

변수의 타당도 분석을 위해서 주성분분석에 의한 탐색적 요인분석을 실시하였다. 요인분석을 위한 변수선정의 적합도를 나타내는 Kaiser-Meyer-Olkin(KMO) 측도는 0.911로 기준치(0.9)를 충족하였고(Hair et al, 2010), Bartlett의 구형성 검정 결과에서 유의확률은 0.000으로 나타나(근사 카이제곱은 4432.324, 자유도136) '단위행렬이다'라는 귀무가설을 기각하여 기준치(0.05이하)를 충족하는 것으로 나타났다(Hair et al, 2010). 다음으로 요인분석 과정에서 공통성(communality) 0.4 이하의 값을 갖는 문항은 순차적으로 제외하였으며(Beavers 외, 2013), 앞서 제시한 제외된 항목을 제외하고 모두 이론적 가정과 일치하는 것으로 추출되었다. 측정변수와 요인 간의 상관관계를 나타나는 회전 제곱합 적재값은 고유치 1 이상이며, 누적 분산설명율은 78.11%이다. 회전된 성분행렬의 요인적재량(factor loadings)은 최솟값 0.620에서 최댓값 0.862로 나타났다. 신뢰도 분석결과 크론바하 알파값은 최솟값은 0.651(참여)에서 최댓값은 0.910(신뢰)으로 나타났다.[1]

1) 크론바하 알파계수는 일반적으로 0.6~0.7 이상이면 적합한 것으로 제시되며(rule of thumb), 활용되는 분야와 사용되는 문항의 숫자 등에 따라서 그 기준값은 다양하게 제시된다(Taber, 2018).

장재성 · 최낙범. (2022). '절차적 정의와 행정대응성의 관계에 관한 연구: 일선 경찰관의 재량권을 중심으로' 中

위 사례에서는 요인적재량표 없이 본문만으로 요인분석결과와 신뢰
도 분석결과를 제시하고 있습니다. 위 사례에서 참여의 경우 신뢰도 분
석결과 0.651로 앞서 설명한 기준치 0.7보다 다소 낮습니다. 이러한 경
우 앞서 설명한 것처럼 낮은 신뢰도를 보이는 항목을 제외하고 분석하
는 방법도 있지만, 위 사례에서처럼 크론바흐 α 수치는 0.6까지도 사용
할 수 있다는 선행연구의 주장을 인용하여 보완할 수도 있습니다.

(2) 기술통계와 상관관계 분석

기술통계와 상관관계 분석은 회귀분석을 통한 변수 간 영향관계 연
구에서 반드시 보고되어야 하는 것은 아닙니다. 하지만, 기술통계와 상
관관계 분석을 통해 측정의 오류나 변수 간 영향관계를 사전 예측할
수 있기 때문에 가급적 보고하는 것이 좋습니다. 이를 생략한 경우 심
사과정에서 심사자가 보고할 것을 요구하는 경우도 많습니다.

필자의 경우 지면의 효과적인 활용을 위해 기술통계와 상관관계를
하나의 표로 정리하는 것을 선호합니다. 기술통계는 각 변수의 평균,
표준편차 정도를 보고하면 충분합니다(때에 따라 자료의 분포를 판단을 위
해 왜도, 첨도 등을 추가하는 경우도 있습니다). 상관관계는 변수 간 상관
계수와 해당 상관계수의 통계적 유의도(p값)를 함께 보고합니다. 반드
시 모든 계수값을 일일이 설명해 주어야 하는 것은 아니며, 유의한 값
을 나타낸 수치 위주로 설명하여도 충분합니다. 또는, 특별히 강한 상

관을 보이거나, 유의한 상관관계가 예상되었으나 예상과 다른 결과가 나타난 경우 등을 중심으로 요약해서 설명하여도 됩니다. 아래의 예시를 살펴보겠습니다.

[기술통계와 상관분석] Key Point: 기술통계와 상관계수를 하나의 표로 정리하고, 수치와 유의도를 중심으로 본문에서 설명합니다.

변수들의 기술통계와 상관관계 분석 결과는 <표 4>와 같다. 조직공정성 관련 변수 중 가장 높은 값을 보인 것은 상호작용공정성(평균=3.024), 표준편차(SD=0.839)이었으며, 이어 분배공정성(평균=2.749, SD=0.872), 절차공정성(평균=2.654, SD=0.829) 순이었다. 갈등관리의 방식에 있어서는 문제해결형 관리의 평균값이 가장 높았으며(평균=3.156, SD=0.837), 이어 회피형 관리(평균=2.999, SD=0.689), 통제주도형 관리방식(평균=3.024, SD=0.829) 순으로 나타났다.

상관관계 분석 결과 회피형 갈등관리를 제외한 대부분의 변수들의 관계에서 유의한 상관이 관찰되었다. 계수 값은 절차공정성과 상호작용공정성이 가장 크게 나타났으며(r=0.705), 가장 작은 것은 절차공정성과 양보회피형 갈등관리(r=-0.002)인 것으로 분석되었다.

<표 4> 기술통계 및 상관관계 분석

구분	평균	표준편차 (SD)	상관관계					
			분배공정	절차공정	상호작용공정	문제해결	회피	통제주도
분배공정성	2.749	.872	1					
절차공정성	2.654	.829	.665**	1				
상호작용공정성	3.024	.839	.607**	.705**	1			
문제해결형갈등관리	3.156	.837	.557**	.588**	.708**	1		
양보회피형갈등관리	2.999	.689	.010	−0.002	−.154**	−.245**	1	
통제주도형갈등관리	2.906	.843	−.145**	−.117*	−.328**	−.405**	.447**	1

** $p<0.01$, * $p<0.05$

장재성. (2024), '갈등관리 방식이 경찰공무원의 조직공정성 인식에 미치는 영향' 中

상관계수를 리포팅하는 또 하나의 이유 중 하나는 바로 다중공선성의 문제의 판단 때문입니다. 일반적으로 독립변수 간 상관관계가 0.7을 넘을 경우 다중공선성의 우려가 있다고 판단합니다. 따라서, 아래와 같이 상관계수의 최댓값 명시를 통해 다중공선성 문제에 대한 고려가 이루어졌음을 표현하는 경우도 있으니 참고하세요.

상관관계 분석결과는 <표5>에 제시하였다. 각 변수들 간의 피어슨 상관계수값은 최솟값 0.213에서 최댓값은 0.650으로 모두 0.7 이하로 나타났으며($p<0.01$), 다중공선성의 문제를 의심할만한 수준은 아닌 것으로 확인되었다.

<표 5> 상관관계 분석결과

변수	상관관계					
	행정대응성	참여	중립성	존중 · 대우	신뢰	재량권
행정대응성	1					
참여	0.579**	1				
중립성	0.301**	0.432**	1			
존중 · 대우	0.636**	0.650**	0.462**	1		
신뢰	0.570**	0.576**	0.480**	0.650**	1	
재량권	0.380**	0.335**	0.213**	0.365**	0.307**	1

** $p < 0.01$

장재성·최낙범. (2022). '절차적 정의와 행정대응성의 관계에 관한 연구: 일선 경찰관의 재량권을 중심으로' 中

다중공선성과 상관계수

일반적인 다중회귀분석에서는 한 번에 여러 개의 독립변수와 하나의 종속변수의 관계를 분석하게 됩니다. 일반적으로 회귀분석은 독립변수는 종속변수와만 상관을 가지며, 독립변수들끼리의 관계는 상호독립적임을 기본 전제로 가정하게 됩니다. 따라서, 독립변수 간 높은 상관이 있는 경우 회귀분석의 기본가정에 어긋나기 때문에 회귀분석 기법을 사용하면 부정확한 결과가 도출될 가능성이 큽니다. 이를 다중공선성의 문제라고 합니다. 일반적으로 독립변수 간의 상관계수가 0.7이 넘을 경우 다중공선성의 우려가 있다고 봅니다. 다중공선성을 판단하기 위해 일반적으로 VIF 지수(분산팽창지수)라는 통계수치를 참고하는데 일반적으로 VIF 수치가 10을 넘을 경우 다중공선성의 문제가 있는 것으로 봅니다.

(3) 집단 간 차이에 대한 분석

연구목적에 따라 집단 간 차이에 대한 분석이 핵심 분석기법으로 사용되는 경우도 있습니다. 예를 들어, 여러 가지 조건을 통제한 실험연구의 경우 실험 처치를 한 집단과 실험 처치를 하지 않은 대조 집단 간에 유의미한 결과의 차이가 있는지 확인하기 위해서는 실험 집단과 대조 집단의 평균값 차이에 대한 검증이 필수적입니다. 하지만, 사회과학 연구의 대다수를 차지하는 변수 간 영향관계를 검증하는 연구에서는 집단 간 차이에 대한 분석이 꼭 필요한 것은 아닙니다. 하지만, 이를 통해서 분석결과에 대한 논의를 좀 더 풍성하게 하거나 정책적 대안 도출에 활용할 수 있기 때문에 학위논문에서는 대부분 이를 다루고 있는 것이 사실입니다. 따라서, 이 책에서도 집단 간 차이 분석에 대해 간략하게 설명하도록 하겠습니다.

[집단 간 차이 분석] Key Point: 집단의 분류기준, 집단 간 평균값, 평균차에 대한 유의도 검정 결과(p값)을 표로 제시하고, 본문에서 유의한 수치를 중심으로 설명합니다.

다음으로 연령에 따른 현장 경찰관의 적극적 경찰활동 인식에 대한 차이가 유의하게 나타나는지 일원배치 분산분석을 실시하였다. 아래의 <표 4-11>과 같이 정당한 공권력 활용에 있어서는 집단별로 유의한 차이가 없는 것으로 분석되었으며, 나머지 적극적 상황인식, 실질적 문제해결 노력, 책임희생의 경우 각 집단의 차이가 유의하였다. 주목해야 할 점은 집단 간 차이가 유의하게 분석된 적극적 상황인식, 실질적 문제해결 노력, 책임희생이 모두 유사한 형태를 띈다는 점이다. 세 변수 모두에서 대체적으로 20대와 50대가 긍정적 인식을 가진 반면, 30대와 40대는 상대적으로 부정적 인식을 보였다. 적극적 상황인식의 경우 50대 평균이 3.916점(SD=0.826)으로 가장 높게 나타났으며, 30대가 3.372점(SD=.890)으로 가장 낮았다. 실질적 문제해결 노력 역시 50대가 3.593점(SD=.744)으로 가장 긍정적인 반면, 30대가 3.252점(SD=.815)으로 가장 낮았다. 책임희생도 50대가 4.172점(SD=.596)으로 가장 높았으며, 30대가 3.875점(SD=.603)으로 가장 낮은 것으로 분석되었다.

표 4-11. 연령에 따른 적극적 경찰활동 인식의 차이 검증(N=427)

구분	집단	표본	평균	표준편차 SD	F	p
적극적 상황인식	20대	65	3.535	.874	8.147	.000
	30대	160	3.372	.890		
	40대	116	3.653	.768		
	50대	86	3.916	.826		
정당한 공권력	20대	427	3.989	.627	.321	.811
	30대	65	3.952	.814		
	40대	160	3.907	.760		
	50대	116	3.884	.688		
실질적 문제해결	20대	86	3.504	.794	4.008	.008
	30대	427	3.252	.815		
	40대	65	3.418	.777		
	50대	160	3.593	.744		
책임희생	20대	116	3.969	.662	4.266	.006

30대	86	3.875	.628		
40대	427	3.981	.603		
50대	65	4.172	.596		

장재성 (2024), '현장 경찰관의 적극적 경찰활동의 영향요인에 관한 연구: 공정성과 자율성 이론을 중심으로' 中

집단 간 평균 차이 검증 관련 통계 용어

집단 간 평균차이 검증이란, 결국 집단 간 평균의 차이가 통계적으로 유의미한지, 아니면 의미 없는 우연의 결과인지를 확인하는 것으로, 집단의 구분과 자료의 형태 등에 따라 여러 가지 방법이 있습니다. 여기서는 주로 활용되는 방법 몇 가지만 살펴보겠습니다.

1. 독립표본 t-test
남과 여의 평균 키, 1반과 2반의 영어성적과 같이 두 개 집단의 평균값 차이를 검정할 때 사용하는 방법입니다.

2. 대응표본 t-test
2개의 연속형 변수의 평균을 비교하는 방법입니다. 예를 들어 1반의 중간고사 점수와 기말고사 점수, 그리고 서비스 만족도와 품질 만족도의 차이를 검증하고자 할 때 사용합니다.

3. 일원배치 분산분석
독립표본 t-test가 두 가지로 구분되는 집단의 평균차이를 검증한다면 일원배치 분산분석은 세 개 이상의 집단의 평균차이를 확인하는 방법입니다. 예를 들어, 연령을 20대, 30대, 40대, 50대 이상으로 구분한 경우 구분집단이 4개이므로 독립표본 t-test는 사용할 수 없으며, 일원배치 분산분석 기법으로 집단 간 평균 차이의 통계적 유의성을 검증할 수 있습니다.

(4) 가설검증을 위한 영향관계 분석

이 파트는 변수 간 영향관계에 대한 계량연구에서 가장 핵심에 해당됩니다. 숙련된 연구자라면 영향관계 분석 결과표만 보고도 연구모형, 연구제목을 제시할 수 있어야 하며, 각 가설이 지지되는지 지지되지 않는지 판단할 줄 알아야 합니다. 또한, 논의 및 결론에서 어떤 방향으로 결과를 해석하여 시사점을 도출하고 주장을 펼쳐 나갈 것인지에 대한 대략적 판단도 할 수 있어야 하겠지요.

변수 간 영향관계를 검증하는 통계기법에는 매우 여러 가지가 있지만, 이 책에서는 앞서 밝힌 바와 같이 가장 대중적인 다중회귀분석에 의한 연구에서 분석결과를 리포팅하는 방법을 중심으로 설명하겠습니다.

일반적으로 회귀분석 결과는 ① 모형적합도와 설명력 ② Durbin-waston지수 ③ 다중공선성 검토 ④ (비)표준화계수와 계수의 유의도(p값) ⑤ 가설검증 결과 순으로 리포팅하게 됩니다. 앞의 통계수치 보고와 유사하게 표를 제시하고, 본문에서는 표에 제시된 수치를 중심으로 설명하면 됩니다. 아래의 예시를 살펴보겠습니다.

[영향관계 분석] Key Point: 모형적합도에 관한 수치, 영향력의 크기와 방향, 유의도 순으로 보고하며, 표에 제시된 내용 중 표준화계수와 유의도를 중심으로 본문에서 설명합니다.

3. 가설검증 결과

본 연구에서는 다중회귀분석 기법을 활용하여 변수 간의 영향 관계에 관한 가설을 검증하였다. 한 번에 하나의 종속변수만을 분석할 수 있는 회귀분석의 특성상, 분배공정성, 절차공정성, 상호작용공정성에 대한 회귀분석을 나누어 실시하였다. 각 회귀분석 시에서 1단계 분석에서는 독립변수만 투입하고, 2단계에서 통제변수를 함께 투입하였다.

먼저 분배공정성을 종속변수로 하는 분석의 결과는 아래의 <표 5>와 같다. 2가지 모형모두 F값에 대한 p값이 0.001 이하로 모형의 적절성은 충분히 확보된 것으로 분석되었으며, 각 모형의 설명력은 1단계가 0.334, 2단계 0.347로 나타났는데, 독립변수만을 투입한 1모형에서도 충분한 설명력이 확보된 것은 갈등관리 방식이 분배공정성을 설명하는 데 적절한 변수라는 점을 시사한다. 잔차의 독립성 가정 충족 여부 확인을 위한 Durbin-Waston 지수는 1.923으로 기본 가정에 위배되지 않는 것으로 판단하였다. 다중공선성 문제를 확인하기 위해서 변수별 VIF지수를 확인한 바, 최대값이 6.523(재직연수)으로 모든 변수에서 VIF 지수가 10 이하로 나타나 문제가 없는 것으로 확인되었다. 통제변수가 모두 투입된 모형 2에서 문제해결형 갈등관리 방식(β=0.604, $p < 0.001$)과 회피형 갈등관리 방식(β=0.126, $p < 0.01$)은 분배공정성에 유의한 정적 영향을 미치는 것으로 분석되었으나, 통제주도형 갈등관리방식은 분배공정성에 유의한 영향을 미치지 않는 것으로 분석되었다(β=0.034, $p > 0.05$). 인구통계학적 변수들은 유의한 영향을 미치지 않는 것으로 나타났다. 이상의 분석을 통해 가설 1-1은 지지되었으며, 1-2와 1-3은 기각되었다.

<표 5> 분배공정성 다중회귀분석 결과

변수	모형1			모형2		
	β	S.E.	t	β	S.E.	t
문제해결형	.607	.045	13.939***	.604	.046	13.909***
양보회피형	.142	.056	3.192**	.126	.056	3.173**
통제주도형	.037	.049	.789	.034	.048	.789
성별(0=남성)				.017	.097	.422
연령				-.069	.076	-.809
재직연수				.172	.049	1.711
계급				.003	.047	.046
모형요약	F=70.730*** R2=0.334 N=427			F=29.906*** R2=0.347 N=427		

*** $p<0.001$, ** $p<0.01$, * $p<0.05$

장재성. (2024), '갈등관리 방식이 경찰공무원의 조직공정성 인식에 미치는 영향' 中

위 사례에서는 '가설검증 결과'라는 제목을 사용하고 있지만, 연구자에 따라 '회귀분석 결과', '영향관계 분석결과' 등을 사용하여도 무방합니다. 위 사례의 표에서는 3개의 독립변수(문제해결형, 양보회피형, 통제주도형 갈등관리)가 종속변수인 분배공정성에 미치는 영향에 대한 회귀분석 결과를 제시하고 있습니다. 독립변수 외에도 성별, 연령, 재직연수, 계급이 통제변수로 투입되었습니다. 이 연구에서는 독립변수 3개만 투입한 1모델과 통제변수까지 모두 투입한 2모델 두 가지 모델로 결과를 제시하고 있지만, 반드시 이렇게 독립변수와 통제변수를 나누어 분석해야 하는 것은 아니며, 연구자의 의도에 따라 모든 변수들을 한 번에 투입하여 분석한 뒤 하나의 표로 결과를 제시하여도 무방합니다. 다만, 위 사례에서 굳이 독립변수와 통제변수를 나누어 분석한 결과를 제시한 것은 독립변수 선정의 적절성을 강조하기 위해서입니다. 1모델에서 독립변수 3가지만 투입하였을 때 설명력이 33.4%로 이미 충분한 수준이며, 여기에 5가지의 통제변수를 추가로 투입하여도 설명력이 34.7%로 큰 변화가 없습니다. 이는 종속변수에 대한 설명력의 대부분이 독립변수에 의한 것임을 보여줌으로써 독립변수가 종속변수를 설명하는 데 있어 매우 유용하다는 것을 강조해 줍니다.

회귀분석 결과 제시순서를 살펴보겠습니다. 먼저, 모형적합도와 설명력이 제시되고 Durbin-Watson지수와 VIF 지수 등 회귀모형의 적절성과 관련된 지표들에 대한 설명이 이어집니다. 그리고 이러한 수치들을 통해 모든 수치가 회귀분석의 기본 가정에 어긋나지 않음이 명시되었습니다. 변수 간 영향관계에 대한 설명이 제시되는데, 이 연구에서는 표준화계수(β)와 계수의 유의성(p값)을 중심으로 설명하고 있고, 비표준화계수(B)는 생략되었습니다. 연구에 따라 비표준화계수를 보고하는 경우도 많이 있기 때문에 연구자가 선택하면 됩니다. 또한, 이 연구에서는 t값을 별도로 보고하고 있지만, 사실 p값이 t값에 따라 일정하게 산출되기 때문에 p값만 보고할 수도 있으며, 아예 표준화계수에 *로만 표시하고(* $p < 0.05$, ** $p < .01$, *** $p < 0.001$), t, p 수치를 모두 생략하여도 괜찮습니다. 마지막으로 회귀분석 결과에 따라 설정한 가설들

이 지지되었는지, 지지되지 않았는지를 밝히면서 분석결과 파트를 마무리하고 있습니다.

이번에는 조금 더 복잡한 조절효과 모형의 회귀분석 결과를 살펴보겠습니다.

다음으로 서번트 리더십과 조직몰입, 직무만족, 조직시민행동 간의 관계에서 상사신뢰가 조절적 역할을 하는지 검증하기 위해 각 모델에 상사신뢰와 서번트 리더십과 상사신뢰의 상호작용항을 투입하여 다중회귀분석을 실시하였다. 그 결과는 <표6>에 제시된 바와 같다. 평균집중화를 통해 다중공선성 문제를 통제하였으며 모든 변수에 있어 VIF 지수가 10이하로 나타났다. 상호작용항을 포함한 풀 모델에서 상사신뢰는 조직몰입, 직무만족, 조직시민행동에 모두 유의한 정적 영향을 미치는 것으로 나타났다(조직몰입 모형 β=0.452, 직무만족 모형 β=0.414, 조직시민행동 모형 β=0.281). 따라서 가설 2-1, 2-2, 2-3은 모두 채택되었다.

조절효과를 판단하는 상호작용항은 조직몰입에는 유의한 영향을 미치지 않았지만, 직무만족과 조직시민행동에는 유의한 정적 영향을 나타냈다(직무만족 모형 β=0.134, 조직시민행동 모형 β=0.247). 하지만 전체 조직시민행동을 종속변수로 하는 모델에서 조절변수와 상호작용항을 모두 투입하였을 때 독립변수인 서번트 리더십이 조직시민행동에 유의한 영향을 미치지 못하는 것으로 나타났다. 독립변수의 유의한 영향력을 조절하는 효과는 직무만족을 종속변수로 하는 모델에서만 확인되었으므로 조절효과에 관한 가설은 3-2만 채택되었다.

<표 6> 상사신뢰의 조절효과 분석 결과

변수	조직몰입		직무만족		조직시민행동	
	β	β	β	β	β	β
서번트 리더십	0.243***	0.243***	0.294***	0.294***	0.104	0.104
상사신뢰	0.431*	0.452***	0.377***	0.414***	0.213**	0.281**
성별 (0=남성)	−0.012	−0.014	−0.042	−0.045	0.075	0.069
연령	0.246**	0.256**	0.130	0.149	0.080	0.115
재직연수	−0.046	−0.051	−0.086	−0.095	0.009	−0.009
직급 (0=실무자)	0.077	0.076	0.030	0.028	0.052	0.048
서번트 리더십 * 상사신뢰		0.073		0.134***		0.247***
모형요약	F=44.9*** R2=0.492 Adj R2= 0.481 N=286	F=39.0*** R2=0.478 Adj R2=0.467 N=286	F=33.3*** R2=0.418 Adj R2= 0.405 N=286	F=30.4*** R2=0.434 Adj R2=0.420 N=286	F=5.4*** R2=0.104 Adj R2= 0.085 N=286	F=7.5*** R2=0.160 Adj R2= 0.138 N=286

*** $p < 0.001$, ** $p < 0.01$, * $p < 0.05$

박홍준 · 장재성(2022), '경찰조직에서 서번트 리더십이 조직효과성에 미치는 영향: 상사신뢰의 조절효과를 중심으로' 中

앞 사례의 다중회귀분석 결과 제시와 큰 차이는 없지만, 상호작용항 (서번트 리더십 * 상사신뢰)의 표준화계수 유의성에 따라 조절효과 여부에 대한 해석이 추가되었습니다. 또한, 종속변수 3개(조직몰입, 직무만족, 조직시민행동)에 대한 1단계 분석결과(상호작용항 미투입)와 2단계 분석 결과(상호작용항 투입) 모두를 하나의 표에 제시하기 위해 표준화계수

(β)와 유의도를 나타내는 *표만으로 표를 작성한 것이 다른 점입니다.

(5) 분석결과에 대한 논의

논의의 작성요령에 대한 구체적 설명하기에 앞서 논의 파트를 논문 어디에 배치해야 하는지에 대해서 다시 한번 정리하고 넘어가도록 하겠습니다.

과거에는 논의를 주로 제4장 분석결과의 말미에 포함시키는 논문들이 많았습니다. 하지만 최근에 특히 외국 학술지를 중심으로 분량을 엄격하게 제한하는 곳들이 많아지면서 국내에서도 가급적 논문을 심플하게 작성하는 경향이 있습니다. 논의를 제4장에 기술할 경우 제5장 결론 초반부에 주요 연구결과에 대해 다시 한번 요약하여 제시해야 논문의 전개가 자연스럽지만, 논의를 결론과 통합하여 제5장에 기술할 경우 이러한 요약을 생략할 수 있다는 장점이 있습니다. 따라서, 최근에 출판된 대다수의 학술논문들은 간결한 전개와 분량의 절약을 위해 논의를 제4장에 기술하지 않고 제5장 결론과 결합하여 제시하고 있습니다. 다만, 논문의 분량 제한에서 상대적으로 자유로운 학위논문에서는 여전히 제4장 분석결과의 마지막에 논의를 배치하는 경우가 많습니다. 사실 논의를 어디에 배치하는가에 대해서는 정답이 없으며, 순수하게 연구자의 선택입니다. 학술논문이라 하더라도 내가 분석결과에 대한 해석이 이 논문의 핵심이자 주요 차별점이라 생각한다면 제4장에 독립적으로 기술하여도 전혀 문제가 없습니다. 다만, 현실적으로 초보 연구자에게는 학술논문보다는 학위논문이 문제가 되는 경우가 많기 때문에 이 책에서는 학위논문에서 주로 사용되는 방식으로 제4장 분석결과에서 논의를 다루는 형태로 설명하겠습니다.

논의는 분석결과에 대한 연구자의 해석으로, 분석결과가 선행연구의 결과와 일치하는지, 선행연구와 다른 결과가 도출되었다면 그 원인은 무엇인지, 분석결과를 토대로 어떤 학술적 또는 정책적 시사점을 얻을 수 있는지 등을 서술하는 것입니다. 정확한 사실관계를 기초로 정해진 규칙 아래 기술되는 연구설계, 분석결과와 달리 연구자의 주관이 가장 크게 작용되는 영역입니다. 또한, 같은 분석결과를 도출하였더라도 이를 어떻게 해석하는가에 따라 연구의 가치는 완전히 달라질 수 있기 때문에 어떻게 보면 논문에서 가장 중요한 부분이라고 볼 수 있으며, 그만큼 작성하기 어려운 부분이기도 합니다.

논의를 작성할 때의 유의점에 대해서는 미리 설명하였습니다. 핵심 포인트 2~4가지를 선정하되, 5위 일체의 관점에서 연구의 필요성과 통계분석 결과와 연계되는 사항을 논의하여야 한다고 말이죠. 여기서는 초보 연구자를 위해 핵심 논의 포인트를 설정하는 몇가지 요령을 실제 사례와 함께 설명하겠습니다.

첫 번째, 가장 많이 사용되는 논의 포인트는 역시 가설의 지지 여부, 즉 통계적 유의도 관련된 논의입니다. 예를 들어 가설에서 독립변수 A

가 종속변수 B에 유의한 영향을 미친 것으로 가정하였다면, 실제 통계
결과 A에 B에 어떤 영향을 미치는지, 또 그 영향이 유의한지에 대해
논의하여야 합니다. 이 과정에서 선행연구와 비교하는 방법도 자주 사
용됩니다. 내 연구의 결과가 선행연구와 일치한다면 별도의 설명 없이
그 사실만 밝혀주어도 무방하지만, 만약 선행연구의 주류적 결과와 일
치하지 않는다면 그 원인이 무엇일지에 대해서도 의견을 제시하여야
합니다. 또한, 이러한 사실이 이론적, 실천적으로 어떤 의미를 가지는
지도 제시합니다.

[논의 - 변수 간 관계의 유의성] Key Point: 통계결과를 바탕으로 유의한 영
향력이 있는지 여부를 제시하고 선행연구 결과와 비교하여 해석합니다.

　　본 연구의 결과, 경찰조직 내에서 서번트 리더십이 조직몰입과 직무
만족에 긍정적 영향을 미치는 것으로 분석되었다. 이는 다른 조직을 대
상으로 하는 대다수 선행연구의 결과와 일치한다(이재형 외, 2006; 차동
옥 외, 2010; 김정광·송병주, 2011; 이명신 외 2012; 김종선·조준억,
2016; 권상집, 2018). 이러한 결과를 토대로 살펴볼 때 서번트 리더십은
경찰공무원 개개인의 조직에 대한 애정과 몰입, 만족 등 긍정적 정서를
강화하여 조직 운영의 효과성 개선에 기여할 수 있다고 판단된다.
　　선행연구에서와 같이 상사신뢰는 경찰관들의 조직몰입, 직무만족,
조직시민행동 모두에 긍정적 영향을 미쳤으며, 특히 직무만족과의 관

계에서 있어서 서번트 리더십의 긍정적 효과를 더욱 강화하는 것으로 나타났다. 이는 다른 조직에서와 마찬가지로 경찰에서도 조직효과성의 증진을 위해 서번트 리더십을 함양함과 동시에 상사에 대한 신뢰를 제고하려는 노력이 병행되어야 함을 시사한다고 볼 수 있다.

박홍준 · 장재성(2022), '경찰조직에서 서번트 리더십이 조직효과성에 미치는 영향: 상사신뢰의 조절효과를 중심으로' 中

위 사례 첫째 문단에서는 서번트 리더십이 경찰공무원의 조직몰입, 직무만족, 조직시민행동에 모두 유의한 긍정적 영향을 미쳤음을 제시하면서 이는 대다수의 선행연구 결과와 일치함을 밝히고 있습니다. 또한, 이러한 통계결과가 가지는 의미, 즉 서번트 리더십은 경찰공무원의 조직에 대한 애정, 만족 등 긍정정서를 강화함으로써 경찰의 조직효과성 개선에 기여할 수 있다는 점을 강조하였습니다. 두 번째 문단에서는 상사신뢰의 조직몰입, 직무만족, 조직시민행동에 대한 효과에 대해 유사하게 논의를 진행하고 있습니다. 비슷한 예를 하나 더 살펴보겠습니다.

독립변수와 종속변수의 관계에서 합리문화와 발전문화가 적극행정 인식을 강화하는 것으로 분석되었다. 이는 변화지향문화가 적극행정에 유의한 정적영향을 미친다는 강나율 · 박성민(2019)의 연구 결과와 일부 일치한다. 합리문화와 발전문화가 외부를 지향하며 변화에의 적응을 강조하는 문화임을 감안할 때, 공공가치 실현을 위해 능동적이며 창

의적 수단을 통한 적극적 대응을 의미하는 적극행정에 정적(+) 영향을
미치는 것은 개념적으로도 타당한 결과로 판단된다.

전설희 · 장재성(2023). '조직문화가 공무원의 적극행정 인식에 미치는 영향에 관한 연
구: 조직공정성의 매개효과' 中

위 사례에서는 독립변수인 합리문화와 발전문화가 종속변수인 적극
행정에 유의한 정적영향을 미친다는 결과를 제시하면서, 이러한 결과
는 선행연구 결과와 일치함을 강조하고 있습니다. 또한 개념적 논의를
통해서 위와 같은 분석결과에 타당성을 부여하고 있음을 알 수 있습니
다. 이렇게 선행연구와 일치하는 결과를 중심으로 그 함의를 설명하는
것은 가장 기본적인 논의 방식이라고 할 수 있기 때문에 초보 연구자
들이 이 방식을 익숙하게 활용할 수 있도록 연습할 필요가 있습니다.
  그렇다면 선행연구와 다른 결과를 얻은 경우에는 어떻게 논의를 진
행하는 것이 좋을까요? 아래의 예시를 살펴보겠습니다.

  소청인용 여부에 유의한 영향을 미치지 않은 통제변수 중 직급에 대
해서는 좀 더 논의가 필요하다. 본 연구에서는 직급이 소청인용 여부에
유의한 영향을 미치지 않는 것으로 나타났으나, 최병호 외(2017)의 선
행연구에서는 직급이 소청심사의 징계양정 수준을 낮추는 요인으로 분
석된 바 있다. 본 연구의 결과는 위 선행연구와 상반된다고 보기보다는
양 연구에서 설정한 종속변수의 차이(소청인용 여부 / 소청심사에서 결

정된 최종 징계처분)에 기인한 것으로 판단할 수 있다. 최병호·오정일의 연구(2017)에 의하면, 직급이 높을수록 원처분에서 낮은 징계를 받는 경향이 있다. 즉, 직급이 높은 징계대상자가 이미 원처분에서 징계를 약하게 받았기 때문에 소청에서 재차 감경될 가능성이 줄어들어 소청인용 여부에는 유의한 영향을 미치지 않은 것으로 해석함이 타당하다고 본다.

장재성·정지수(2021). '경찰공무원 징계처분의 소청인용에 관한 연구: 비경찰공무원과의 비교를 중심으로' 中

위 사례에서는 직급이 공무원의 징계 소청인용 여부에 미치는 영향에 대해 선행연구와 일치하지 않은 결과를 보인 점에 대해 연구자의 해석과 의견을 제시하고 있습니다. 해당 연구에서는 징계 받은 공무원의 직급이 소청인용 여부에 유의한 영향을 미치지 않은 것으로 나타났지만, 선행연구에서는 직급이 높을수록 소청 심사에서 징계수준이 낮아지는 것으로 분석되었다는 사실을 밝히고 있습니다. 덧붙여 선행연구와의 결과 차이의 원인을 종속변수 설정의 차이로 해석하고 있습니다. 선행연구에서는 종속변수를 소청심사로 인해 감경된 징계처분 수준으로 설정하였고, 위 사례의 연구에서는 소청심사의 인용(감경) 여부로 설정하였는데, 직급이 높을수록 이미 1차 징계위원회에서 낮은 징계를 받았을 가능성이 크기 때문에 소청인용에는 유의한 영향이 없는 것으로 추정하여 타당한 이유를 제시하였습니다. 여기서 주의할 점은 연구자의 추론의 근거가 되는 사실은 반드시 선행연구에 의해 밝혀지거나, 명확한 출처가 있는 사실이어야 한다는 점입니다. 위 사례에서는 추론의 근거, 즉 직급이 높을수록 원처분 징계가 약하다는 사실을 임의로 주장하지 않고 선행연구로 인용하며 이미 밝혀진 사실임을 명확히 표시하고 있습니다. 위와 같이 하지 않고 연구자가 임의로 주장하는 사실에 기반하여 추론할 경우 심사과정에서 대부분 추론의 근거가 무엇이냐는 지적을 받습니다. 위 사례처럼, 직급이 징계위원회에서 징계수준을 낮추는 요인이라는 선행연구를 근거로 제시하면서 주장하여야 합니다. 유사한 사례를 하나 더 살펴보겠습니다.

한편, 본 연구에서 조직시민행동의 경우 서번트 리더십이 미치는 영향력이 분석 모델에 따라 다르게 나타났으며, 상사신뢰와 상호작용항을 투입한 최종 모델에서는 유의한 영향력이 관찰되지 않았다. 이는 서번트 리더십이 조직시민행동을 촉발한다는 주요 선행연구들의 결과와 다소 상반되는 결과이다. 본 연구에서 조직몰입과 직무만족을 종속변수로 하는 모델의 경우 약 50% 수준의 준수한 설명력을 보이는 데 비해 조직시민행동을 종속변수로 하는 모델의 설명력은 6.7~13.8%로 상대적으로 작다. 이는 서번트 리더십이 경찰공무원들의 조직에 대한 애정과 몰입, 직무에 대한 만족감 등 긍정적 정서를 설명하는 데 효과적이지만, 이것만으로 조직을 위한 자기희생적 행동으로 연결되지 않을 수 있으며, 서번트 리더십 외에 경찰관의 조직시민행동에 영향을 미치는 다양한 변수들이 존재한다는 점을 시사한다고 볼 수 있다. 최근 인권의식의 확장, 수사권 조정 등 권한의 확대에 따라 현장 경찰관들은 기대와 권한의 불일치 현상을 겪고 있으며, 민원 유발에 대한 두려움, 권한 사용과 관련된 규정들의 애매모호함 등으로 인한 혼란과 어려움을 겪고 있다. 경찰관의 재량 행사, 인권문제, 물리력 사용 등에 관한 일련의 질적 연구들에 이와 같은 현장 경찰관들의 고충들이 잘 드러나 있다(조원혁, 2013; 장재성·정지수, 2019; 황정용·장승수, 2022). 이러한 경찰조직과 업무의 특성을 감안할 때 경찰관들의 자발적 조직시민행동 유발을 위해서는 소통이나 섬김, 배려 등을 핵심으로 하는 서번트 리더십보다는 부하 직원에게 리더의 권한을 분배하고, 구성원들의 업무에 대한 자신감과 통제력 강화를 좀 더 강조하는 리더십이 더욱 효과적일 수 있다.

박홍준·장재성(2022), '경찰조직에서 서번트 리더십이 조직효과성에 미치는 영향: 상사신뢰의 조절효과를 중심으로' 中

위 사례에서는 서번트 리더십이 경찰공무원의 조직시민행동에 유의한 영향을 미치지 않은 것으로 나타났는데, 이는 전반적인 선행연구결과와 다르다는 점을 밝히고 있습니다. 이러한 상반된 연구결과의 원인에 대해서 연구자는 경찰 조직의 최근 환경과 현장 경찰관들의 인식변화 등이 영향을 미쳤을 가능성이 크다고 추정하면서 여러 가지 선행연구들을 근거로 제시하고 있습니다. 그리고 마지막으로 이 연구결과가 가지는 실천적 의미를 다시 한번 강조하는 형태로 논의를 진행하고 있습니다.

선행연구와 일치하지 않은 연구결과를 논의하는 요령으로 후속연구
의 필요성 제기가 활용될 수도 있습니다. 아래의 예시를 살펴보겠습니다.

　　다음으로 인구통계학적 변수의 경우 분배, 절차, 상호작용 공정성과
유의한 영향관계가 나타나지 않았다. 이는 인구통계학적 변인들이 조
직공정성 형성에 유의한 영향을 미친다는 일부 선행연구(Kulick et al.,
1996)와 일치하지 않은 결과이며, 특히 국내 연구인 이동영ㆍ김현정
(2013)의 연구에서 근무의 형태, 성별, 계급이 조직공정성 인식에 유의
한 영향을 미치는 것으로 나타난 것과는 상반되는 결과이다. 따라서,
개인적 특성이 경찰공무원의 조직공정성에 어떤 영향을 미치는지에 관
하여는 후속연구를 통해 면밀하게 검증할 필요성이 제기된다.

장재성. (2024), '갈등관리 방식이 경찰공무원의 조직공정성 인식에 미치는 영향' 中

위 연구에서는 인구통계학적 변수들(성별, 연령, 재직경력 등)이 조직
공정성의 3가지 하위 차원인 분배공정성, 절차공정성, 상호작용공정성
모두에 유의한 영향을 미치지 않은 것으로 나타났는데, 이것은 일부 선
행연구 결과와 일치하지 않는 결과입니다. 이러한 경우 적절한 추론을
덧붙이면 좋겠지만, 추론이 어렵거나 위 사례처럼 연구의 핵심이 아닌
통제변수와 관련된 논의라면 후속 연구의 필요성을 제안하는 정도로
마무리 하는 것 역시 논의의 방법이 될 수 있습니다.

논의 포인트를 잡는 두 번째 요령은 변수 간 영향관계의 방향을 논

의하는 것입니다. 연구자가 설정한 가설과 일치하는 방향으로 분석결과가 도출되었다면 정적 또는 부정적 방향의 관계가 가지는 의미와 시사점을 자연스럽게 논의하면 됩니다. 하지만, 유의한 통계결과가 도출되기는 하였지만 연구자의 가설과 반대 방향의 결과가 도출될 수도 있습니다. 예를 들어 연구자는 가설 설정에서 독립변수 A가 종속변수 B에 유의한 긍정적 영향을 미칠 것으로 가정하였습니다. 그런데 통계분석 결과는 반대로 A가 B에 유의한 부정적 영향을 미치는 것으로 나타나는 경우가 있습니다. 이런 경우 초보 연구자는 당황할 수밖에 없는데요. 이럴 때는 위와 마찬가지로 논의에서 반대 결과가 나타나게 된 원인을 합리적으로 추론하여 설명해 주면 됩니다. 추론 과정에서 선행연구들을 근거로 활용한다면 더욱 논리적인 논의가 되겠죠? 예상과 다른 통계분석 결과에 대해 타당한 설명이 이루어지지 않는다면 지적의 대상이 되지만 충실한 근거에 의해 설득력 있게 설명이 된다면 더욱 질 높은 연구가 되기도 합니다. 이러한 논의는 어떻게 전개되는지 아래의 사례를 한번 살펴보겠습니다.

[논의 - 변수 간 관계의 방향] Key Point: 통계결과가 유의하지만 가설과 방향에 반대인 경우 관련 선행연구를 참고하여 합리적 설명을 추가합니다.

본 연구의 가설 설정 단계에서 조직 공정성이 현장 경찰관의 적극적 경찰활동의 4가지 하위 차원 변수인 적극적 상황인식, 정당한 공권력 행사, 실질적 문제해결 노력, 책임희생에 모두 긍정적인 영향을 줄 것으로 추론하였다. 하지만, 직접효과에 대한 경로분석 결과, <표 4-17>에 나타난 바와 같이 조직 공정성은 적극적 상황인식과 실질적 문제해결 노력에는 직접적으로 유의한 영향을 미치지 않았으며, 오히려 정당한 공권력 행사와 책임희생에는 유의한 부적 효과를 미치는 것으로 분석되었다. 이는 조직 공정성에 대한 구성원의 긍정적인 인식이 적극적 직무태도를 촉발하고, 조직에 대한 몰입을 강화하며, 성과의 향상으로 연결된다는 기존의 연구결과(Adams, 1965; Colquitt et al, 2001; Cohen -Charash & Spector, 2001; Colquitt et al., 2005; Rupp et al., 2014; Wolfe & Lawson, 2020; 한진태·최응렬, 2020; 장재성·강영철, 2023)와 반대되는 결과로 주목할 만하다.

먼저, 조직 공정성이 정당한 공권력 행사에 미치는 부적 영향에 대해서는 다음과 같이 해석할 수 있다. 최근 경찰조직 내의 공정성이 경찰관의 경찰활동 태도에 영향을 미친다는 연구가 다수 발표되고 있다. Van Craen(2016)은 이는 감독자 모델을 통해 현장 경찰관들이 본인의 상사의 공정한 태도와 행동을 학습하기 때문이라고 설명하였다. 이후 다수의 실증연구들에서 실제로 경찰관들의 조직 공정성(internal justice) 인식이 경찰관들의 시민을 향한 공정한 경찰활동(external justice)에 직·간접적으로 유의한 정적 영향을 주는 것으로 나타났다(Wu et al., 2017; Van Craen & Skogan, 2017; Kutnjak Ivković et al., 2020). 위와 같은 일련의 연구결과들은 현장 경찰관이 경찰 조직 내에서 공정하게 대우 받은 경험이 누적될수록 경찰관 스스로도 현장에서 시민과 접할 때, 시민의 의견을 좀 더 경청하고, 중립적 입장에서 공정하게 판단하여, 신뢰할 수 있게 설명해 주고자 노력한다는 논리적 가정을 지지한다. 즉, 조직 내에서의 보상, 절차 진행, 상호작용에 있어 공정함을 많이 느낀 경찰관일수록 현장에서 공권력을 활용하여 강제적으로 문제를 해결하려 하기보다는 관계자들의 의견을 좀 더 경청하고, 갈등을 조정하며, 시민들의 입장에서 사안을 해결하고자 노력할 것이라고 기대되기 때문에 조직 공정성이 정당한 공권력 행사에 부적 영향을 나타내었다고 설명할 수 있다.

장재성 (2024), '현장 경찰관의 적극적 경찰활동의 영향요인에 관한 연구: 공정성과 자율성 이론을 중심으로' 中

위 사례에서는 가설 설정 단계에서 경찰관이 조직 공정성에 대해 긍정적으로 인식할수록 법집행 과정에서 정당한 공권력을 행사할 가능성이 높을 것이라고 예측하였습니다. 그런데 통계분석 결과는 오히려 조직공정성이 정당한 공권력 행사에 부적 영향을 미치는 것으로 나타났습니다. 이 결과를 해석하기 위해 위 사례에서는 Van Crean(2016)의 이론과 이와 관련된 최근의 실증연구들을 활용했습니다. Van Crean(2016) 경찰관들이 조직 내부에서 공정함을 경험할수록 외부에서 시민을 대할 때도 강압적인 방법보다는 대화와 중재, 경청 등에 입각한 절차적 공정을 추구하는 태도를 보인다고 주장했고, 이러한 이론적 주장은 논문에 언급된 여러 실증연구에 의해 지지되고 있습니다. 위 연구에서는 이러한 선행연구에 근거하여 경찰 조직의 공정성에 대해 신뢰하는 경찰관일수록 시민을 대할 때도 강압적이고 강제적인 공권력 수단보다는 대화나 타협, 중재 등의 조정절차를 선호할 가능성이 클 수 있다고 추론하였습니다. 이러한 논의를 통해 조직 공정성이 정당한 공권력 행사에 미치는 부정적 영향을 타당하게 설명하고 있습니다. 다만, 이 과정에서 주의할 것은 이러한 연구자의 해석은 하나의 가능성일 뿐이므로 지나치게 단정적인 표현을 사용하여서는 안 됩니다. 위 사례에서도 마지막에 "설명할 수 있다"라는 추정적 표현을 사용하고 있습니다.

세 번째, 영향력의 유의성이나 방향 외에 또 하나 쉽게 활용할 수 있는 포인트는 변수 간 영향력 크기의 비교입니다. 예를 들어 직무만족과 조직몰입이 조직의 성과에 미치는 영향에 관해 연구하였는데, 직무만족의 표준화계수가 조직몰입의 표준화계수에 비해 2배이상 매우 크게 나타났다고 가정해 보겠습니다. 이러한 경우 해당 조직의 성과를 향상시키기 위해서는 조직몰입 개선에 자원을 투입하기보다 직무만족의 개선에 자원을 투입하는 것이 효과적일 것입니다. 이러한 실천적 시사점을 도출할 수 있기 때문에 변수 간 영향력의 차이가 명확하게 드러나는 경우 이러한 점을 논의에 활용하는 것도 매우 좋은 방법입니다. 이 때 영향력 차이에 활용되는 수치는 단위가 통일된 표준화계수라는 점 잊지 마세요.

[논의 - 변수 간 영향력의 비교] Key Point: 변수 간 영향력의 차이가 명확하게 나타나는 경우 표준화계수의 시사점을 도출합니다.

모든 변수들이 투입된 3단계 분석에서 조직공정성의 표준화계수(β = 0.214)가 조직문화 요인들의 표준화계수보다 훨씬 큰 것으로 나타났다. 이러한 결과는 조직공정성이 적극행정에 유의한 영향을 미친다는 송성화·손지은(2022)의 연구와 일치하는 결과이며, 적극행정을 설명함에 있어 조직공정성이 중요한 역할을 할 수 있음을 시사한다. 따라서 후행연구에서는 적극행정의 영향요인으로 조직공정성을 고려할 필요가 있다.

전설희·장재성(2023). '조직문화가 공무원의 적극행정 인식에 미치는 영향에 관한 연구: 조직공정성의 매개효과' 中

본 연구의 결과 중 가장 중요한 것은 문제해결형 갈등관리 전략이 조직공정성 전반에 긍정적인 영향을 미치며, 그 영향력의 정도가 양보회피형 갈등관리나 통제주도형 갈등관리에 비해 매우 크다는 점이다. 이는 경찰공무원의 조직공정성 인식 제고를 위해서는 양보회피형 갈등관리나 통제주도형 갈등관리 방식을 억제하는 것보다는 문제해결형 관리갈등 방식이 경찰 내 자리잡도록 하는 것이 훨씬 효율적이라는 것을 시사한다.

장재성. (2024), '갈등관리 방식이 경찰공무원의 조직공정성 인식에 미치는 영향' 中

위의 첫 번째 사례에서는 투입된 변수 중 조직공정성이 종속변수인 적극행정에 가장 큰 영향력을 가짐을 표준화계수를 통해 제시하면서, 후속 연구에서도 적극행정의 중요 영향요인으로 조직공정성을 고려하여야 한다고 주장하고 있습니다. 두 번째 사례에서는 문제해결형 갈등관리 방식이 가지는 영향력의 크기가 다른 유형의 갈등관리 방식보다 조직공정성에 미치는 영향이 훨씬 크다는 점을 강조하며, 경찰 조직 내의 공정성 개선을 위해서는 문제해결형 갈등관리 방식을 정착시키는 것이 효율적일 것이라고 주장하고 있습니다.

네 번째로 종속변수의 측정값이나 종속변수의 집단 간 차이에 대한 분석결과를 논의에 포함시킬 수 있습니다. 다만, 이 경우에는 반드시 통계분석에 관련 기술통계와 집단 간 차이 분석이 포함되어 있어야 합니다. 앞에 이러한 분석이 없는데도 논의에 갑자기 이를 언급하는 것은 5위 일체의 원칙에 어긋나며, 논문의 체계성, 통일성을 해치게 됩니다. 종속변수의 측정값 수준에 대한 논의를 하는 경우는 대부분 해당 종속변수에 대한 실증연구가 많이 이루어지지 않은 상태에서 연구대상 집단이 종속변수에 대해 어떻게 인식하고 있는지 설명이 필요할 경우 활용됩니다. 아래의 사례를 살펴보겠습니다.

[논의 – 측정값 또는 집단 간 차이 분석 논의] Key Point: 통계분석에 종속변수의 기술변수 및 집단 간 차이분석 결과가 제시된 경우에 한해 기술통계의 특징이나 집단 간 유의한 차이를 중심으로 기술합니다.

앞서 언급한 바와 같이 절차적 정의와 경찰 정당성 이론에 관한 국내 연구들은 절차적 정의와 경찰활동에 관한 이론적 논의에 그치거나 (이영섭, 2017; 라광현, 2018; 장재성, 2020), 실증적 연구 역시 경찰에 대한 시민들의 인식을 중심으로 이루어진 관계로(류준혁, 2015; 윤병훈·성용은, 2015; 최대현, 2017; 임창호, 2020), 한국 경찰관을 대상으로 하는 선행연구는 찾아보기 어렵다. 따라서 이 연구에서 나타난 경찰관의 절차적 정의 인식 수준에 대해 먼저 논의할 필요가 있다. 본 연구의 결과 절차적 정의에 대한 경찰관의 인식은 평균 4.44점으로 나타났으며, 세부 구성요소 별로는 참여가 4.23점, 중립성 4.62점, 존중·대우 4.40점, 신뢰 4.49점으로 나타나 경찰관들이 법집행과 경찰의 정책결정에 과정에서 절차적 정의가 매우 중요하다는 인식을 가지고 있음을 확인할 수 있다. 반면, 시민을 대상으로 한 연구인 류준혁(2015)의 연구에서는 시민들의 절차적 정의에 대한 인식이 2.99점 수준으로 나타났으며, 최대현의 연구(2017)에서는 3.85점으로 나타났다. 물론 각 연구에서 서로 다른 측정도구를 사용하였기 때문에 일률적으로 비교하여 경찰관의 절차적 정의 인식이 일반 시민에 비해 높다고 단정할 수는 없지만, 이를 통해 경찰관의 절차적 정의 인식이 경찰활동의 대상인 시민의 인식과 다를 수 있다는 가능성은 제기할 수 있다. 경찰의 절차적 정의 인식이 시민의 그것보다 높게 나타나는 이유는 경찰관들이 절차적 정의의 중요성에 대해서는 인식하고 있으나 현장에서의 장애요인으로 인해 실천에 옮기고 있지 못하기 때문일 수도 있고, 경찰관의 입장에서는 절차적 정의에 입각한 경찰활동을 하였지만, 시민에게는 절차적으

로 공정하다는 느낌을 주지 못하였기 때문일 수도 있다. 후행 연구에서
는 동일한 측정도구를 통해 경찰관과 시민의 절차적 정의 인식수준을
조사하고 이에 의미 있는 차이가 있는지, 그 원인은 무엇인지 탐색해
볼 필요가 있다.

장재성 · 최낙범. (2022). '절차적 정의와 행정대응성의 관계에 관한 연구: 일선 경찰관
의 재량권을 중심으로' 中

위 사례에서는 우리나라 경찰관을 대상으로 하는 절차적 정의 인식
에 관한 연구가 거의 없음을 밝히면서 인식 수준에 대해서 항목별로
평균값을 제시하고 있습니다. 동시에 이를 시민을 대상으로 조사한 연
구들의 값과 비교하면서 경찰관들이 스스로 절차적 정의 수준을 시민
보다 높게 인식하는 원인에 대한 연구가 필요함을 논의하고 있습니다.
이러한 논의 역시 앞의 통계분석과 잘 연계된다면 논문에 좀 더 풍부
한 이론적 의미를 부여할 수 있습니다.

다음으로 집단 간 차이 분석을 통해 시사점을 이끌어내는 논의 작성
례를 살펴보겠습니다.

두 번째로, 경찰조직에서의 경험과 정도와 비례한다고 볼 수 있는
연령, 재직기간, 계급에 의한 집단 간 차이 분석결과는 매우 흥미로웠다.
<그림 4-4>는 이를 그래프로 시각화한 것으로, 20대(5년 미만, 순경)
와 50대(26년 이상, 경감)의 적극적 경찰활동 인식은 상대적으로 긍정적

인 반면, 가운데 위치한 30대(6~15년 차, 경장 ~ 경사)의 인식이 가장 저조하다는 것을 알 수 있다. 다시 말하자면, 경찰에 갓 입직한 새내기 경찰관과 조직에서 중간관리자의 위치에 있는 50대는 적극적 현장 경찰활동에 대해 전반적으로 긍정적 인식을 가지고 있는 데 비해 경찰에 입직하고 평균 10여 년이 경과한 30·40대 경장, 경사의 경우 적극적 경찰활동에 대한 인식이 저조한 것이다. 연령이나 조직 내 위치에 따른 적극적 경찰활동 인식의 차이가 경찰 조직에 입직한 이후 시간의 흐름에 따라 지속적으로 높아지든지 혹은 낮아지든지 변화의 방향이 일관되지 않고 '상-저-상'의 형태를 띄는 이유는 무엇인지에 대한 진지한 학술적 고민이 필요할 것으로 판단된다. 가장 먼저 추론할 수 있는 것은 '새내기 효과'와 '현장 경찰활동의 수행 여부'가 있다. 신임 순경의 경우 막 경찰관으로 임용되어 직무에 대한 열의가 높기 때문에 적극적 경찰활동에 대한 인식이 긍정적인 것으로 추정된다. 하지만, 경찰관으로서의 경험을 상당히 축적한 30·40대, 경장·경사 그룹의 경우 적극적 경찰활동에 대한 인식이 상대적으로 가장 부정적인 것으로 나타났다. 이 그룹의 경우 실제 치안현장 경찰관으로서 주도적인 역할을 수행하고 있기 때문에 현장에서 겪은 다양한 부정적 경험, 좌절 등으로 인해 적극적 경찰활동에 대한 회의나 부정적 인식을 형성한 결과로 추론해볼 수 있다. 반면, 50대, 경감급의 경우 가장 긍정적인 적극적 경찰활동 인식을 가지고 있는 것으로 조사되었다. 50대 관리자의 적극적 경찰활동에에 대한 긍정적 인식은 경찰관으로서의 성숙이나 책임감 등이 그 원인일 수도 있겠지만, 30·40대와 비교하여 가장 큰 차이는 결국 현장 경찰활동의 유무라고 생각된다. 50대 관리자의 경우 주로 현장 실무보다는 중간관리자로서의 직무를 수행하기 때문에 현장 상황에 대한 책임에서 비교적 자유로우며, 경찰 관리자로서 확장된 시야와 축적된 경험으로 인해 적극적 경찰활동의 중요성을 비교적 잘 인식하고 있다고 해석할 수 있다. 결국, 30·40대, 경장·경사의 그룹에서 적극적 경찰활동의 인식이 저조한 것은 현장에서의 법 집행과정에 그들이 겪는 불합리함, 과도한 책임, 민원·진정에 대한 우려 등이 복합적으로 작용한 결과라 보여진다(조원혁, 2013; 장재성·정지수, 2020; 채양선·정지수, 2021).

장재성 (2024), '현장 경찰관의 적극적 경찰활동의 영향요인에 관한 연구: 공정성과 자율성 이론을 중심으로' 中

위 사례에서는 종속변수인 적극적 경찰활동에 관한 인식을 응답자의 경찰관으로서의 활동기간과 관련된 요소들, 즉 연령, 계급, 재직기간으로 구분하여 평균값을 차이를 산출하였을 때 시간의 흐름에 따라 상-저-상의 특이한 패턴이 나타남을 보고하고 있습니다. 즉, 주로 경찰 새내기에 해당하는 20대, 순경, 재직 5년 미만의 경우 적극적 경찰활동에 대해 긍정적이나, 어느 정도 경찰경험이 쌓인 집단인 30·40대, 경장~경사, 재직 6~15년 차의 경우 적극적 경찰활동에 대한 인식이 매우 부정적입니다. 반면, 근무 경력이 매우 많은 50대, 경감, 재직 26년 이상의 그룹에서는 다시 적극적 경찰활동에 대한 인식이 긍정적으로 변화하였으며, 이러한 그룹간 인식의 차이는 통계적으로 유의미한 것으로 나타났음을 강조하고 있습니다. 이러한 특징적 인식 차이와 관련하여 연구자는 '새내기 효과', 30·40대의 현장 경찰활동 책임자가 겪는 현실적 어려움 등을 그 원인으로 제시하고 있습니다. 앞서 설명한 바와 같이 이러한 연구자의 해석은 확인된 사실이 아닌 추정에 해당되므로 단정적 표현을 사용하지 않고 '생각된다', '보인다' 등의 표현이 사용되고 있습니다. 아울러, 추정의 근거들 역시 연구자의 독단이 아니라 선행연구에서 밝혀진 사실임을 인용을 통해 표현하고 있음을 알 수 있습니다. 이러한 논의를 토대로 추후 결론에서 30·40대, 경장~경사 등 취약군을 대상으로 하는 적극적 경찰활동 인식 개선 교육의 전개 등의 정책적 시사점을 제시할 수 있겠습니다. 또한, 30·40대, 경장~경사 그룹의 부정적 인식의 원인으로 지목된 현장에서의 과도한 책임, 민원 우려 등은 추정에 불과하므로 이러한 변수들이 실제 적극적 경찰활동에 영향을 미치는지 확인이 필요하다는 후속연구 방향으로 연계도 가능합니다. 이처럼 집단 간 차이 분석에 관한 논의는 논의 성립의 핵심인 5위 일체에 필수적인 요소는 아니지만 풍부한 논의를 가능하게 하기 때문에 분량의 여유가 있다면 논문에 포함시키면 좋습니다.

마지막으로 매개효과 내지 조절효과에 대해서도 논의할 수 있습니다. 하지만 이에 관한 논의는 매개 및 조절효과에 대한 완벽한 이해가 선행되어야 하기 때문에 초보 연구자들에게 조금 어려울 수 있습니다. 따라서 간략한 예시만 제시하고 넘어가도록 하겠습니다. 매개효과의 경우 직접효과와 간접효과를 나누어 논의하는 것이 일반적인데, 아래의 그림에 독립변수인 리더십이 직무만족 직접 미치는 영향력(A)이 직접효과이고, 리더십이 조직공정성을 거쳐서 직무만족에 영향을 미치는 것(B → C)을 간접효과라고 합니다. 매개모형에서는 직접효과와 간접효과의 방향과 유의성을 분리하여 제시하고 이와 관련된 통계결과가 어떤 의미를 가지는지 아래의 사례와 같이 논의하게 됩니다.

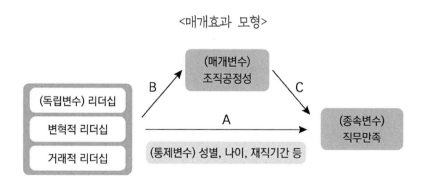

<매개효과 모형>

　　본 연구에서는 조직문화 외에 조직공정성을 매개변수로 한 분석을 실시하였다. 그 결과, 조직공정성을 투입하지 않은 2단계 분석에서는 집단문화가 적극행정에 매우 유의한 정적(+)영향을 미치는 것으로 나타났지만(β = 0.165, p<0.01), 조직공정성이 투입된 3단계 분석에서는 집단문화가 적극행정에 미치는 영향성이 거의 없는 것으로 나타났으

며, 통계적으로 유의하지도 않았다(β = 0.083, p>0.05). 이는 집단문화가 가지는 적극행정에의 유의한 영향력은 대부분 조직공정성을 매개로 하는 간접효과라는 것을 보여준다. 모든 변수들이 투입된 3단계 분석에서 조직공정성의 표준화계수(β = 0.214)가 조직문화 요인들의 표준화계수보다 훨씬 큰 것으로 나타났다. 이러한 결과는 조직공정성이 적극행정에 유의한 영향을 미친다는 송성화·손지은(2022)의 연구와 일치하는 결과이며, 적극행정을 설명함에 있어 조직공정성이 중요한 역할을 할 수 있음을 시사한다.

전설희·장재성(2023). '조직문화가 공무원의 적극행정 인식에 미치는 영향에 관한 연구: 조직공정성의 매개효과' 中

조절효과의 경우 독립변수와 조절변수의 관계는 분석하지 않고 독립변수가 종속변수에 미치는 영향력이 조절변수에 의해 어떻게 달라지는지, 즉 강화되는지 약화되는지에 초점을 두고 논의하게 됩니다. 예를 들어 아래의 모형에서 리더십이 직무만족에 정적인 영향을 미치는데, 이때 조직공정성 인식이 긍정적일수록 리더십이 직무만족에 미치는 영향의 크기가 커진다면 정적인 조절효과가 있으며, 반대로 조직공정성 인식이 긍정적일수록 직무만족에 미치는 영향의 크기가 작아진다면 부적인 조절효과가 있다고 할 수 있습니다. 아래에서는 조절변수인 재량권이 참여와 행정대응성의 관계에서는 정적(+) 조절효과를, 신뢰와 행정대응성의 관계에서는 부적(-) 조절효과를 보인 점에 대해 선행연구에서 지적한 재량의 양면적 속성을 활용하여 설명하고 있습니다.

<조절효과 모형>

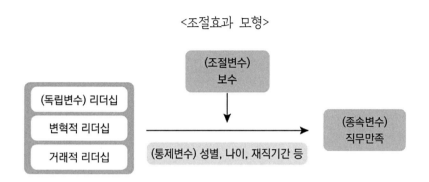

한편, 재량권 인식은 중립성 및 존중·대우가 행정대응성에 미치는 영향에 대해서는 유의미한 조절효과를 보이지 않았지만, 참여와 행정대응성의 관계에서는 정(+)의 조절효과를, 신뢰와 행정대응성의 관계에서는 부(-)의 조절효과를 보였다. 즉, 재량권에 대한 인식이 강할수록 참여가 행정대응성에 미치는 정(+)의 영향은 강화되며, 신뢰가 행정대응성에 미치는 정(+)의 영향은 감소한다. 재량권은 규정에 대한 해석을 통해 법규의 구속으로부터 벗어나 법규와 현실 간의 간극을 메우는 기능을 함과 동시에 자칫 자의적 판단에 따라 재량권의 일탈, 남용의 우려도 존재하므로 흔히 양날의 검으로 묘사될 정도로 상반된 특성을 가진다. 복잡하고 신속하게 변화하는 현대 행정환경에 대응하고 행정의 효율성 증진을 위해 적절한 재량의 부여가 필요한 반면, 재량은 관료 부패의 대표적 원인으로 지목되기도 한다(Becker & Stigler 1974). 이와 관련하여 Kwon(2012)은 공무원은 공공의 이익을 추구하려는 공공

봉사동기와 개인의 사적 이익을 추구하려는 부패의 속성을 모두 가지고 있으며, 일반적으로 재량권의 부여가 부패를 소폭 증가시키기는 하지만, 성과급 등 적절한 제도가 뒷받침 된다면 공무원들은 부패보다는 공익을 추구하는 방향으로 재량을 행사하게 된다고 하였다. 본 연구에 나타난 재량권의 상반된 조절효과는 재량권의 양면성을 지지하는 결과라 할 수 있다. 현장 경찰관의 재량은 업무처리 과정에서 시민들의 의견을 좀 더 귀담아듣고 그들의 이익을 대변하는 데 도움이 될 수도 있지만, 시민들의 신뢰를 확보하기 위한 노력(업무처리 과정 및 결과에 대한 상세한 설명, 향후절차 안내 등)을 해태하게 할 수도 있는 것이다. 본 연구의 결과는 행정대응성의 확보를 위해서 경찰관에게 재량권의 부여가 필요하지만 재량이 공익을 위해 올바르게 행사될 수 있도록 적절한 통제장치를 마련할 필요성도 있다는 것을 시사한다.

장재성 · 최낙범. (2022). '절차적 정의와 행정대응성의 관계에 관한 연구: 일선 경찰관의 재량권을 중심으로' 中

앞서 말씀드린 것처럼 논의 파트는 연구자의 주관이 가장 많이 반영되며, 합리적이고 타당한 결과해석을 위해서 연구주제와 관련된 광범위한 선행지식도 필요합니다. 따라서, 스스로의 사고와 배경지식을 토대로 충실한 논의를 작성한다는 것은 초보 연구자에게는 매우 어려운 작업일 수 있습니다. 결국 초보 연구자에게 가장 좋은 방법은 여러 선행연구들을 읽어보고, 내 연구결과와 유사한 결과가 도출된 연구에서 그 원인을 어떻게 추정하였는지 살펴보고, 이를 참고하여 논의를 작성하는 것입니다. 동일 주제의 논문이 여러 편이 있다면 상반되는 연구결과를 발표한 논문들도 어렵지 않게 찾을 수 있지만, 선행연구가 거의 없는 분야라면 결국 연구자가 스스로 여러 간접 증거들을 조합하여 타당한 근거와 해석을 제시하는 수밖에 없습니다. 이런 어려움이 있기 때문에 대부분의 지도교수님들이 제자들에게 선행연구가 충실한 분야를 연구주제로 선정하기를 추천하는 것입니다.

5. 결론 작성 요령

구성순서	작성 내용	중요도	비고
1	연구결과의 요약	☆☆☆	논의와 통합 시 생략 가능
2	연구결과의 시사점	☆☆☆	이론 / 실무 측면으로 나누어 고려
3	연구의 한계와 후속연구방향	☆☆☆	

(1) 연구결과의 요약

결론부에서는 논문을 마무리하면서 논문의 핵심 내용을 다시 한번 강조해 주면서 이러한 연구의 발견들이 어떤 의미를 가지고, 한계점은 무엇인지를 논의합니다. 따라서 결론부는 이 연구주제가 무엇인지, 연구과정을 통해 밝혀진 사실이 무엇인지 주요 분석결과와 이에 대한 해석을 요약해 주면서 시작하게 됩니다. 다만, 최근의 학술논문들과 같이

제5장에서 논의와 결론을 통합하여 제시하는 경우에는 같은 장에서 이미 연구 주요 결과와 이에 대한 해석이 제시되었으므로 굳이 별도의 결과 요약이 필요 없다는 점 잊지 마세요.

[연구결과의 요약] Key Point: 연구의 핵심적 발견사항(주로 통계분석 결과) 2~4가지 정도를 요약하여 제시합니다.

> 본 연구에서는 경찰에서 대응성 강화 전략의 일환으로 검토하고 있는 절차적 정의에 입각한 경찰활동이 실제 행정대응성의 강화로 연결될 수 있는지, 그리고 양자의 관계에서 재량권이 조절적 역할을 하는지에 초점을 두고 실증 분석하였다. 분석결과에서 절차적 정의의 4가지 요소 중 참여, 존중·대우, 신뢰는 행정대응성에 긍정적 영향을 미쳤으며, 중립성은 부정적 영향을 미치는 것으로 분석되었다. 한편, 재량권의 조절효과는 중립성, 존중·대우와 행정대응성의 관계에서는 유의한 영향을 주지 못하였으나, 참여가 행정대응성이 미치는 영향을 강화하며, 신뢰가 행정대응성에 주는 영향은 감소시키는 것으로 나타났다.
>
> 장재성·최낙범. (2022). '절차적 정의와 행정대응성의 관계에 관한 연구: 일선 경찰관의 재량권을 중심으로' 中

위 사례에서는 이 연구의 목적과 주제를 서술하고, 주요 분석결과에 대해 한 문단으로 간략히 요약하고 있습니다. 다만, 위 논문은 학술논문이기 때문에 연구결과의 요약을 최대한 간결히 제시하였습니다. 분량에서 자유로운 학위 논문에서는 주요 연구결과별로 한 개 문단, 전체 1~2p 정도의 분량으로 자세하게 연구결과를 제시하여도 좋습니다. 아래의 사례를 살펴보겠습니다.

　　본 연구에서는 한발 더 나아가, 개발한 개념과 척도를 활용하여 현장 경찰관의 적극적 경찰활동에 영향을 미치는 요인에는 어떤 것들이 있는지 탐색적으로 실증분석하였다. 분석모델은 공정성 이론을 기반으로 하는 외재적 조건 모델과 자율성 이론을 기반으로 하는 내재적 조건 모델을 상정하였다. 먼저 변수들의 기술 통계를 분석한 결과, 종속변수인 현장 경찰관의 적극적 경찰활동의 경우 책임희생과 정당한 공권력 행사의 평균 인식은 4점에 가까운 높은 수준인 반면, 적극적 상황인식과 실질적 문제해결 노력의 경우 상대적으로 저조한 인식을 보였다. 집단 간 차이 분석에서 정당한 공권력 행사의 경우 집단에 관계없이 고르게 높은 인식 수준을 가지고 있는 것으로 분석되었으나, 적극적 상황인식, 실질적 문제해결 노력, 책임희생의 경우 입직 이후 시간의 흐름에 따라 '상 → 저 → 상'의 형태가 뚜렷하게 나타났다. 구체적으로 20, 5년 미만 근무, 순경계급의 경우 적극적 경찰활동에 대한 인식이 높은 수준이었으나, 30·40대, 경장·경사 그룹의 경우 낮은 인식 수준을 보였으며, 50대, 경감 이상 그룹에서 다시 적극적 경찰활동 인식이 긍정적으로 변화하였다.

　　변수 간 영향관계에 대한 연구결과는 다음과 같다. 먼저, 외재적 조건 모델에서 조직 공정성은 적극적 상황인식과 실질적 문제해결 노력에는 직접적으로 유의한 영향을 미치지 않은 것으로 분석되었으며, 정당한 공권력 행사와 책임회생에는 유의한 부적 영향을 미치는 것으로 나타났다. 한편, 매개효과와 관련하여 시민 지지와 상사동료 지지는 조직 공정성과 적극적 경찰활동의 관계를 매개하는 것으로 분석되었는데, 모든 경로에서 간접효과는 정적인 방향으로 나타났으며 유의하였다. 직접효과와 간접효과를 모두 고려한 총효과는 '조직 공정성 → 시민·상사동료 지지 → 정당한 공권력 행사'의 경우 유의하지 않았으며, 나머지 '조직 공정성 → 시민·상사동료 지지 → 적극적 상황인식', '조직 공정성 → 시민·상사동료 지지 → 실질적 문제해결 노력', '조직 공정성 → 시민·상사동료 지지 → 책임회생'의 경로에서는 모두 유의한 정적 효과가 나타났다. 내재적 조건 모델에서는 직무자율성은 적극적 상황인식, 정당한 공권력 행사, 책임회생에 직접적으로는 유의한 부적 영향을 미치는 것으로 나타났다. 외재적 조건 모델과 같이 내재적 조건 모델에서도 모든 경로의 간접효과가 정적으로 유의하게 나타나 심리적 임파워먼트와 직무만족이 직무자율성과 현장 경찰관의 적극적 경찰활동의 하위 요소와의 관계를 매개하는 것으로 확인되었다. 총효과는 '직무자율성 → 심리적 임파워먼트·직무만족 → 적극적 상황인식'의 경로와 '직무자율성 → 심리적 임파워먼트·직무만족 → 책임회생'의 경로에서 유의한 정적 효과가 나타났고, '직무자율성 → 심리적 임파워먼트·직무만족 → 정당한 공권력 행사', '직무자율성 → 심리적 임파

워먼트 · 직무만족 → 실질적 문제해결 노력' 경로에서는 유의하지 않
았다.

장재성 (2024), '현장 경찰관의 적극적 경찰활동의 영향요인에 관한 연구: 공정성과
자율성 이론을 중심으로' 中

위는 학위 논문의 결론부입니다. 연구결과를 종속변수인 적극적 경
찰활동의 인식수준과 변수 간 영향관계에 관한 연구결과로 구분하고,
각각 한 문단을 할애하여 주요 연구결과를 요약제시하고 있습니다. 이
처럼 학위논문에서는 연구결과의 요약제시를 좀 더 풍부하게 하여도
좋습니다.

(2) 연구결과의 시사점

연구결과의 시사점은 다르게 연구의 기여점이라고 표현하기도 합니
다. 연구논문의 결론에서는 도출된 연구결과가 이론적, 실천적으로 어
떤 기여점을 가지고 있는지 명확히 제시되어야 논문의 가치를 인정받
을 수 있습니다. 이론적 기여는 학술적으로 이 연구를 통해 후행 연구
자들이 연구주제가 된 사회적 현상을 이해하는 데 얼마나 도움이 되는
가를 의미한다고 할 수 있습니다. 실천적 기여는 정책적 기여라고도 하
는데, 연구결과가 실제로 어떤 정책이나 변화에 도움이 되는 시사점을
제공하는가라고 생각하시면 됩니다. 예를 들면, 매장 직원들이 직무태
도가 매출에 어떤 영향을 미치는지 연구하였는데, A 직무태도는 매출

향상에 유의한 영향을 미치지 않은 반면, B 직무태도는 매출 향상에 매우 강한 정적효과를 가지는 것으로 나타났다고 가정하겠습니다. 이런 경우 이 연구는 이론적 측면에서 구성원의 직무태도가 매출에 미치는 영향을 이해하는 데 도움이 된다는 기여가 인정될 수 있습니다. 실천적으로는 매출을 향상시키기 위해서 구성원들이 A 직무태도가 아닌 B 직무태도를 양성하기 위한 정책이 필요하다는 주장이 가능합니다. 모든 연구에서 반드시 이론적 기여와 실천적 기여가 모두 인정되어야 하는 것은 아닙니다. 이론적 기여만 있는 연구도 있고 이론적 시사점은 미미하지만 실천적으로 큰 의미를 가지는 연구도 있을 수 있기 때문에 자신의 연구 특성에 맞추어 적절히 주장하면 됩니다.

그럼 실제적으로 초보 연구자가 참고할 수 있도록 이론적 기여와 실천적 기여를 도출하는 몇 가지 요령에 대해서 설명하겠습니다. 먼저 가장 중요한 것은 5위 일체의 관점에서 이론적·실천적 기여는 연구의 필요성과 연계되어 주장되어야 체계적이고 논리적인 논문이 된다는 점입니다. 앞서 연구주제 발굴 단계에서 초보 연구자들은 대부분 연구대상을 차별화하거나 변수 간 관계를 차별화하는 수준의 연구주제를 선정하는 것이 좋다고 설명했습니다. 따라서, 연구대상을 차별화한 논문에서의 이론적 기여와 변수 간 관계를 차별화한 연구를 하나씩 골라 이론적 기여 부분을 작성한 사례를 살펴보겠습니다.

[이론적 시사점] Key Point: 선행연구가 부족한 영역의 연구, 변수 간 새로운 관계 설정 등과 같은 연구의 필요성과 연계하여 연구의 의미를 재강조합니다.

위와 같은 본 연구의 결과는 다음과 같은 이론적 함의가 있다. 첫 번째로 본 연구는 경찰조직의 다양한 리더를 대상으로 본격적인 서번트 리더십 연구의 가능성을 보여준 실증적 연구이다. 본 연구결과 경찰조직의 서번트 리더십이 조직몰입과 직무만족에 긍정적인 영향을 미친다는 것이 입증되었다. 현재까지의 국내외 서번트 리더십 연구동향과 달리 국내 경찰조직에는 서번트 리더십에 대한 연구가 전무했던 상태로, 본 연구가 경찰조직에 다양한 리더십 모델을 적용하려는 시도들의 마중물이 될 것을 기대한다.

박홍준 · 장재성(2022), '경찰조직에서 서번트 리더십이 조직효과성에 미치는 영향:상사신뢰의 조절효과를 중심으로' 中

위 연구에서는 서번트 리더십 연구가 전반적으로 활성화되어 있지만, 유독 경찰조직을 대상으로 한 서번트 리더십 연구가 거의 없다는 점이 연구의 필요성으로 제시되었으며, 결론에서 이를 다시 한번 강조하여 이론적 시사점으로 제시하고 있습니다.

이상과 같은 본 연구의 결과에서 얻을 수 있는 이론적 시사점은 다음과 같다. 먼저 조직문화와 적극행정에 관한 실증연구가 매우 부족한 시점에서 탐색적으로 이를 시도하였다는 점에서 의의가 있다. 특히 조직공정성의 매개역할 검증을 통해 집단문화가 적극행정에 미치는 긍정적 영향력이 간접효과였다는 점을 확인하고, 조직공정성이 적극행정의 선행요인이 될 수 있음을 밝혔다는 점에서도 의미가 있다. 이러한 관점에서 본 연구는 조직공정성과 적극행정의 관계를 이해하고, 향후 조직문화와 적극행정, 조직공정성의 관계에 대한 추가적 실증연구의 필요성을 제시하였다는 점에서 학문적 의의가 있다. 또한, 연령과 근무기관의 차이가 적극행정에 유의한 영향을 미친다는 점을 밝히고 이에 대한 후속연구의 필요성과 방향을 제시하였다는 점에서도 의미가 있다.

전설희 · 장재성(2023). '조직문화가 공무원의 적극행정 인식에 미치는 영향에 관한 연구: 조직공정성의 매개효과' 中

위 사례에서는 조직문화가 적극행정에 미치는 영향에 대한 연구가 현저히 부족하다는 점과 더불어 조직공정성을 매개변수로 추가하여 변수 간 새로운 관계에 대한 실증을 했다는 점에서도 이론적 기여를 주장하고 있습니다. 기존 연구와 다른 변수 간 관계를 설정한 경우 이와 같이 이론적 기여 부분을 작성할 수 있습니다.

마지막으로 심화과정으로 새로운 사실이나 증거의 발견, 새로운 변수의 추가, 새 연구모형을 제안한 연구에 있어서 이론적 기여를 작성한 사례를 살펴보겠습니다.

이 연구는 다음과 같은 점에서 함의가 있다. 첫째, 소청심사에 대한 경험적 연구가 매우 미흡한 실정에서 소청인용에 영향을 주는 요인에 대한 분석을 실시하였다는 점에서 의의가 있다. 둘째, 연구결과를 통해 경찰이 다른 기관에 비해 소청인용율이 높다는 기존 학계의 주장(이효민, 2011; 권장훈·성도경, 2011; 한봉기, 2012; 김상운·최홍철, 2013; 김정규, 2015)을 통계적으로 증명하였다. 과거의 경험으로 인해서 현재에도 경찰은 징계가 과중하다는 인식이 있는데 이를 실증적으로 검증한 것이다. 셋째, 소청심사 관련 연구모형을 보다 구체화하였다. 본 연구는 한봉기(2012) 및 최병호 외(2017)가 제안한 연구모형을 기반으로 금품수수 징계 소청심사에 특화된 모형을 구성하여 실증분석하였으며, 특히 소청심사에 강력한 영향을 미치는 사실관계 판단의 변경이라는 변수를 발견하였다.

장재성·정지수(2021). '경찰공무원 징계처분의 소청인용에 관한 연구: 비경찰공무원과의 비교를 중심으로' 中

위 사례에서 세 번째 시사점이 새로운 변수의 발견과 연구모형의 제안과 관련된 이론적 시사점에 해당됩니다. 기존의 연구모형을 연구목적에 맞게 최적화함과 동시에 새로운 변수(사실관계 판단의 변경)를 모형에 추가하였다는 점에서 이론적 의미를 부여하고 있습니다. 이와 더불어 위 연구에서는 선행연구가 부족한 영역에서의 실증연구라는 점과 기존의 학계의 이론적 주장을 뒷받침하는 실증적 증거를 발견했다는 점 역시 이론적 의의로 강조하고 있습니다.

다음으로 실천적 시사점을 작성하는 요령에 대해 알아보겠습니다. 이론적 기여와 마찬가지로 실천적 시사점 역시 연구의 필요성과 연계되어야 합니다. 만약, 연구의 필요성으로 이 연구가 가지는 실천적 의미가 강조되었다면, 결론부에서 다시 한번 이를 강조해 주어야 합니다. 실천적 시사점은 대부분 연구주제와 관련된 정책적 개선 방안에 대한 연구자의 주장을 서술하게 됩니다. 이 과정에서 주의해야 할 것은 정책적 개선안은 철저히 연구에서 다룬 통계분석 결과에 기초하여야 하며, 통계분석 결과와 관계없는 개선 방안은 실제 유의미한 개선 방안이라 하더라도 연구의 통일성, 논리성을 해치는 사족이라는 점입니다.

[실천적 시사점] Key Point: 통계분석에서 도출된 유의미한 결과들을 중심으로 개선방안을 서술합니다.

본 연구의 결과로부터 도출할 수 있는 제도개선 방안은 다음과 같다. 첫째, 직접적인 포상 경험은 적극행정 인식에 유의한 영향을 미치지 못한 데 비해 조직 공정성 인식은 적극행정에 유의한 정적 영향을 미치는 것으로 나타났다. 따라서 단순한 포상의 확대보다는 합리적인 포상 기준의 마련, 기준과 포상 내용의 투명한 사전 공개, 선정과정의 공정성에 관한 인식 제고를 위한 내부 홍보 등에 힘쓰는 것이 적극행정의 촉진에 더욱 효과적일 수 있다. 둘째, 적극행정 수용성의 경우 적극행정 인식을 가장 강하게 향상시키는 요인으로 나타났다. 따라서, 적극행정의 활성화를 위해서는 공무원의 적극행정 수용성 제고를 위한 정책적 노력과 홍보, 교육 등이 필요하다. 셋째, 조직 공정성은 공무원의 적극행정 인식을 강화하므로 공정한 평가·승진 시스템을 구축하고, 조직 내 주요한 의사결정에 있어 구성원의 참여를 제도화하려는 정책적 노력이 필요하다고 판단된다(송성화·손지은, 2022). 아울러, 구성원들의 공정성 인식개선을 위한 교육과 내부 정책 홍보 등도 병행되어야 할 것이다. 마지막으로 본 연구에 나타난 법규 모호성과 적극행정 간의 일관되지 않은 관계, 조직 공정성의 상반된 조절효과는 적극행정에 영향을 미치는 요인들이 매우 복합적인 구조를 가지고 있으며 상황적·맥락적 조건에 따라 다르게 작용할 가능성이 있음을 시사하고 있다. 따라서, 법규 모호성과 적극행정 인식의 관계에 대해서는 심도 있는 후속 연구들을 통해 여러 가지 상황적 조건과 관련된 변수와의 영향관계를 다각도에서 정교하게 검증할 필요가 있다. 이러한 연구를 바탕으로 모호성으로 인해 유발되는 재량이 긍정적이고 적극적인 방향으로 작용할 수 있도록 하는 제도적·심리적 장치를 강구하여야 할 것이다.

장재성·전설희. (2024), '적극행정의 제약 요인이 공무원의 적극행정 인식에 미치는 영향:조직공정성의 조절효과를 중심으로' 中

위 사례에서는 변수 간 영향관계의 유의성에 관한 통계분석결과를 중심으로 공무원의 적극행정 인식을 제고하기 위한 정책적 개선 방안들을 논의하고 있습니다. 포상 경험은 적극행정에 유의한 영향을 미치지 않는 것으로 나타난 데 반해, 공정성은 적극행정에 유의한 긍정적 영향을 주었다는 통계결과에 기초하여 포상 자체를 확대하기보다는 포상 제도와 과정의 투명성, 공정성 증대가 필요함을 주장하였습니다. 또한 적극행정 제도의 수용성이 적극행정 인식에 강한 정적 영향을 미치는 것으로 나타났기 때문에 적극행정 제도 수용도를 제고할 수 있는 교육, 홍보 등이 필요함도 제시하고 있습니다. 다만, 법규의 모호성의 경우 연구결과가 일관되지 않게 나타났기 때문에 이에 대해서는 특정 정책을 제안하기 보다는 후속연구와 함께 이를 토대로 한 긍정적 활용의 필요성을 제시하는 정도에 그치고 있습니다.

이 외에도 변수 간 영향력의 차이나 종속변수의 집단 간 차이 분석 결과에서도 정책적 시사점을 도출할 수 있습니다. 다음의 사례를 살펴보겠습니다.

먼저, 젊은 세대 공무원과 중앙행정기관 본부 근무자들을 대상으로 하는 전략적 적극행정 인식 제고 대책이 필요하다. 또한, 공무원의 적극행정을 강화하기 위한 조직문화 개선 전략으로는 위계적 문화를 해소하는 데 자원을 투입하는 것보다는 외부지향적 조직운영을 강화하는 것이 좀 더 효율적일 것이다. 다만 이 과정에서 민간기업처럼 혁신과 창의를 강조하기보다는 환경변화에 따라 적절한 목표를 제시하고 안정적인 내부경쟁을 유도하는 합리문화에 기반한 조직관리가 좀 더 효율적일 것으로 판단된다. 흥미로운 사실은 조직공정성을 종속변수로 하는 1 Model에서 여성이 남성보다 조직이 불공정하다고 느끼고 있으며, 중앙행정기관 본부에 근무하는 공무원의 공정성 인식이 소속기관 근무자보다 더 저조한 것으로 나타났다는 점이다. 따라서 조직공정성 개선 정책을 이들을 중심으로 전략적으로 추진할 필요가 있다. 조직 내에서 남성중심 문화와 같은 성차별 요소가 없는지 점검하고, 본부 소속 공무원이 불공정하다고 인식하는 요인이 무엇인지 의견을 수렴하여 파악·개선하는 등의 정책적 노력이 필요하다.

전설희·장재성(2023). '조직문화가 공무원의 적극행정 인식에 미치는 영향에 관한 연구: 조직공정성의 매개효과' 中

위 사례에서는 합리문화가 적극행정에 미치는 영향이 가장 크다는 분석결과를 토대로 적극행정을 제고하기 위해서는 위계적 문화를 해소하는 것보다 내부경쟁을 유도하는 조직관리가 좀 더 효율적일 수 있음을 주장하고 있습니다. 또한, 2030세대와 중앙행정기관에 근무하는 공무원의 적극행정 인식이 유의하게 저조하게 나타났음을 근거로 이들을 대상으로 하는 적극행정 제고 대책이 필요함을 강조하고 있기도 합니다.

(3) 연구의 한계

세상에 존재하는 어떠한 연구방법도 완벽하지는 못합니다. 따라서, 연구자가 연구주제에 가장 적합한 연구방법과 통계분석 기법을 선정하였다하더라도 연구결과에 오류가 있을 가능성은 항상 존재하는 것입니다. 따라서, 결론부에서 이러한 한계에 대해서 연구자 스스로 제시하고 연구의 한계를 극복하기 위해 어떠한 노력을 하였는지, 또는 어떠한 후속연구를 통해 한계를 보완해야 할지 논의해 주어야 합니다. 연구에 한계가 존재하더라도 이 연구를 통해 새로운 사실의 발견 가능성과, 후속연구로서 연구의 한계를 이를 보완할 방법을 제시했다면 후행 연구자에게 충분한 참고가 될 수 있고, 반복적 연구를 통해 학문적 진실을 발견하는 계기가 될 수 있기 때문에 충분히 학술적 의미가 인정됩니다.

연구의 한계는 구체적 연구마다 모두 다릅니다. 여기서는 앞서 설명한 일반적으로 설문조사를 활용한 연구에서 관찰될 수 있는 세 가지 한계점, 일반화의 한계, 횡단적 연구의 한계, 연구모형의 한계와 이를 보완할 후속연구 방향을 논문에 기술하는 요령에 대해 설명하겠습니다.

일반화의 한계와 횡단적 연구의 한계는 대부분 아래와 같이 함께 서술되는 경우가 많습니다.

우선 이 연구는 1회 횡단적 설문조사를 통해 수집된 자료를 분석한 것으로 인과관계에 대한 결론을 내리기 어렵다는 문제가 있다. 또한, 표본 선정의 과정에서 전국적으로 다양한 집단 포함되도록 노력하긴 하였으나, 본질적으로는 임의표집에 의한 연구결과이므로 일반화가 어렵다는 문제 역시 존재한다. 경찰의 갈등관리 방식과 조직공정성의 관계를 명확히 하기 위해서는 다양한 시점, 다양한 표본을 활용한 지속적 연구가 필요하다.

장재성. (2024), '갈등관리 방식이 경찰공무원의 조직공정성 인식에 미치는 영향' 中

마지막으로 본 연구는 임의표집방식으로 자료를 수집하였으며, 1회 횡단적 조사에 의한 자료를 분석하였다는 점에서도 한계가 존재한다. 추후 다양한 표본과 다양한 시점에서 확보한 자료를 대상으로 하는 후행연구를 통해 연구결과가 지지되는지 확인해 나갈 필요가 있다.

장재성 · 전설희. (2024), '적극행정의 제약 요인이 공무원의 적극행정 인식에 미치는 영향:조직공정성의 조절효과를 중심으로' 中

위 두 사례에서는 공통적으로 임의표본에 의한 1회 설문조사의 연구의 한계상 연구결과를 일반화하여 인과관계를 논할 수 없다는 한계점을 제시하면서 여러 시점, 여러 표본에 대한 반복 연구를 통해 연구결과가 지지되는지 확인하는 것을 대안으로 제시하고 있습니다.

사회과학 영역에서 특정 변수에 영향을 미치는 모든 변수를 발굴한다는 것은 거의 불가능합니다. 또한, 변수의 측정상 한계로 인해 세부 요인들이 누락되는 경우도 있습니다. 따라서 대부분의 연구에서 실제 종속변수에 영향을 미칠 수 있는 여러 요인들이 생략될 수밖에 없고, 연구자가 관심을 가진 변수를 중심으로 연구모형이 구성되는 한계를 가지게 됩니다. 이를 논문에 기술할 때에는 단순히 한계점을 나열하기보다는 다음과 같이 그 한계를 극복할 수 있는 구체적 방안까지 제시하여 주는 것이 좋습니다.

본 연구는 적극행정의 영향요인에 대한 기존의 학술적 실증연구에서 벗어나 실제 적극행정 제도와 관련된 변인들과 적극행정의 관계를 실증 검증하였다는 점에서 이론적, 실천적 의미가 있지만, 관련 선행연구가 매우 부족한 실정에서 이루어진 탐색적 연구이므로 변수 측정이나 연구모델 측면에서 보완해야 할 점도 뚜렷하다. 가장 먼저 앞서 논의한 바와 같이 후속연구에서는 징계와 포상에 관한 기대감·두려움과 같은 인지적 요소를 고려하는 것이 매우 필요하다. 적극행정 제도의 수용성과 관련하여 본 연구에서는 탐색적 차원에서 적극행정 제도 전반에 대한 수용성을 설문하여 적극행정 인식과의 관계를 연구하였다. 하지만, 좀 더 구체적인 연구결과 도출과 전략적인 처방을 위해서는 적극행정과 관련된 개별 제도들이 적극행정에 미치는 구체적 영향에 관한 연구도 필요할 것으로 생각된다. 현재 적극행정 문화 정착을 지원하기 위해 추진 중인 제도들로 적극행정 면책제도, 사전컨설팅 감사 제도 등이 있는데(김난영, 2019; 류민정·조형석, 2023), 이들이 실제 공무원의 적극행정 실천과 적극적 공직문화 조성에 유의한 영향을 미치고 있는지 검증할 필요가 있다고 본다.

장재성·전설희. (2024), '적극행정의 제약 요인이 공무원의 적극행정 인식에 미치는 영향:조직공정성의 조절효과를 중심으로' 中

위 사례에서는 고려되지 못하였지만 후속 연구에서 고려하여야 할 요인으로 징계와 포상에 대한 기대 및 두려움과 같은 인지적 요소를 명시하고 있습니다. 또한, 좀 더 구체적인 연구결과 도출 및 정책 개선안 마련을 위해 적극행정과 관련된 개별 제도에 대한 인식과 적극행정의 관계를 연구해나갈 것을 주장하고 있습니다.

셋째, 본 연구에서는 연구모형의 간결성과 명확성을 위해 조직공정성을 분배·절차·상호작용 공정성을 포괄하는 하나의 요인으로 측정하였으며, 타당도 분석에서도 위 요인들은 조직공정성이라는 하나의 요인으로 분류되었다. 본 연구에서 추가적으로 조직공정성 하위요인별 분석결과를 제시하기는 하였으나, 각 요인별 타당도가 확보되지 않았으므로 분배·절차·상호작용공정성과 적극행정의 관계를 명확히 밝혔다고 보기는 어렵다는 한계가 있다. 후행연구에는 좀 더 세분화된 측정도구를 통해 조직공정성 하위요인을 측정하여 적극행정과의 관계를 분석한다면 좀 더 세부적이고 전략적인 정책 처방을 도출할 수 있을 것이다.

전설희·장재성(2023). '조직문화가 공무원의 적극행정 인식에 미치는 영향에 관한 연구: 조직공정성의 매개효과' 中

위 사례에서는 조직 공정성을 하나의 포괄요인으로 측정하였다는 한계점을 논의하면서 후행 연구에서는 조직 공정성을 분배 공정성, 절차 공정성, 상호작용 공정성의 3가지 하위요인으로 구분하여 분석함으로써 좀 더 구체적인 정책적 대안을 도출할 것을 후속연구방향으로 제안하고 있습니다. 이처럼 명확하게 연구의 한계를 짚어주면서 이를 극복할 수 있는 후속연구의 방향까지 함께 제시한다면 좀 더 완성도 높은 논문을 작성할 수 있을 것입니다.

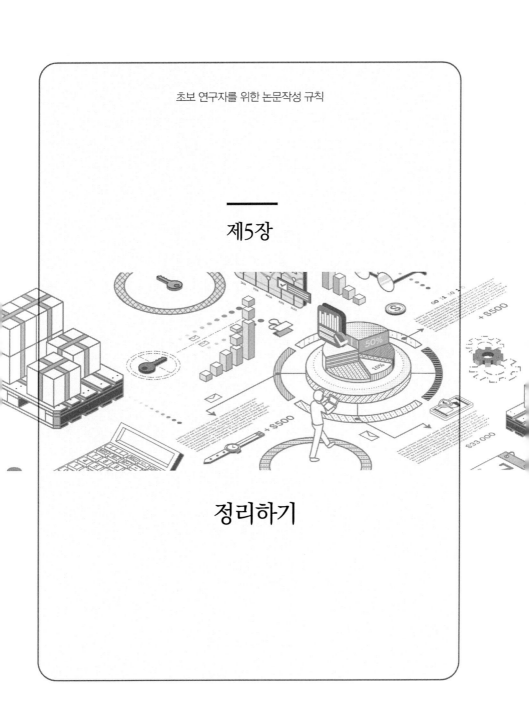

제5장

정리하기

제5장

정리하기

이제까지 논문 구성의 기본적인 틀과 각 요소들을 구체적으로 어떻게 작성해야 하는지를 여러 가지 사례를 통해서 살펴보았습니다. 이제 내 논문을 어떻게 구성하고 작성해야 할지 좀 이해가 되셨을 겁니다.

마지막 장에서는 이 책에서 강조하고 있는 논문작성의 원리와 원칙들을 다시 한번 정리하고자 합니다. 하지만, 이에 앞서, 본문에서 미처 다루지 못했지만, 논문작성에 꼭 필요한 두 가지, 연구 제목과 초록 작성에 대해서 알기 쉽게 알려드리겠습니다.

1. 논문 제목, 어떻게 써야 하나요?

대부분 사회과학 분야의 양적 연구에서는 논문제목을 작성하는 방법이 정형화되어 있습니다. 꼭 아래에서 소개하는 방법만 써야 한다는 것은 아니지만, 최소한 아래의 규칙을 따른다면 심사과정에서 논문 제목이 적절하지 않다는 지적은 받지 않을 겁니다. 논문 제목에 포함되어야 하는 요소는 크게 ① 연구에 활용되는 변수 ② 연구방법 ③ 연구의 대상이 있습니다. 이 책에서는 위 3가지 요소를 고려하여 논문 제목의 작성 요령으로 크게 세 가지를 제안하고자 합니다. 바로 ① 독립변수가 종속변수에 미치는 영향(에 관한 연구) ② 종속변수의 영향요인에 관한 연구 ③ 연구방법에 초점을 둔 제목입니다.

첫 번째 '독립변수가 종속변수에 미치는 영향(에 관한 연구)'은 내가 연구하고자 하는 독립변수가 명확히 특정되어 있는 경우에 사용하는 방식입니다. 사실상 가장 빈번하게 활용되는 제목입니다. 예를 들어, 내가 공무원들 직무만족에 대해 연구하고자 할 때, 직무만족에 영향을 미치는 여러 가지 요인들을 동시에 고려할 수도 있지만, 여러 요인 중에서도 특히 상급자의 리더십이 직무만족에 어떤 영향을 미치는지 연구할 수도 있습니다. 이 방법은 후자의 경우 사용하는 제목 스타일입니다. 위 제목 스타일에 적용하면 '상사의 리더십이 직무만족에 미치는 영향(에 관한 연구)'로 표현될 수 있습니다. 다만, 제목을 이렇게 구성할 경우 연구 대상이 제목에 표현되지 않기 때문에 좀 더 구체적으로 '상사의 리더십이 소방공무원(또는 군인, 교사, 간호사 등등)의 직무만족에 미치는 영향(에 관한 연구)'으로 표현하면 됩니다. 최근에는 단순히 독립변수와 종속변수의 관계에 대한 연구보다 매개변수 또는 조절변수를 활용하는 연구들이 더 많습니다. 매개 또는 조절효과를 포함한 경우에는 부제를 활용하여 표시해주면 됩니다. 위 사례에서 리더십과 직무만족의 사이에 매개변수로 상사에 대한 신뢰라는 변수를 추가했다면 '상사의 리더십이 소방공무원의 직무만족에 미치는 영향: 상사신뢰의 매개효과를 중심으로'와 같이 제목을 설정하면 됩니다. 만약 조직몰입이라는 조절변수를 활용했다면 연구제목은 어떻게 될까요? '상사의 리더십이 소방공무원의 직무만족에 미치는 영향: 조직몰입의 조절효과를 중심으로'라고 표현되겠죠?

두 번째 '종속변수의 영향요인에 관한 연구'의 경우 특정한 독립변수와의 관계를 알아보기보다는 종속변수에 영향을 미칠 만한 여러 가지 요인을 한꺼번에 고려한 연구에서 활용하는 제목입니다. 일반적으로 연구주제인 종속변수에 대한 실증적 연구가 초기 단계에 있는 경우 이렇게 여러 가지 요인과 종속변수의 관계를 탐색하는 연구가 이루어지고, 이런 연구가 몇 건 반복된 이후 특정 변수와 종속변수의 관계에 대한 연구가 진행되는 것이 일반적입니다. 예를 들어보겠습니다. 내가 공무원의 적극행정 인식에 영향을 미치는 요인으로 리더십, 공공봉사동기, 공직자의 자율성, 보상의 공정성 등을 선정했습니다. 만약 연구하고자 하는 독립변수가 리더십과 자율성 두 가지라면 '리더십과 자율성이 공무원의 적극행정에 미치는 영향' 정도의 제목으로 표현이 가능하겠지만, 위 예처럼 4가지가 된다면 이를 모두 제목에 쓰기는 어려울 겁니다. 이럴 때는 '공무원의 적극행정 영향요인에 관한 연구'정도로 표현할 수 있습니다. 다만 이 경우에도 연구대상에 대해 좀 더 구체적으로 표현해 주는 것이 좋습니다. '서울시 공무원(국가공무원, 지자체공무원, 경찰공무원 등)의 적극행정 영향요인에 관한 연구' 정도가 되면 좋겠습니다. 두 번째 형태에서도 부제를 활용하여 제목을 좀 더 구체화할 수 있습니다. 예를 들어 내가 설정한 독립변수들이 대부분 특정 이론을 베이스로 발굴된 변수일 경우 부제에 '서울시 공무원의 적극행정 영향요인에 관한 연구: 자율성과 공정성 이론을 중심으로'와 같이 이를 표현해 주면 좀 더 구체적인 제목이 됩니다.'

세 번째는 연구방법을 강조하는 제목형태입니다. 연구의 필요성이나 차별성이 연구방법에 있는 경우 이러한 제목을 많이 사용하게 됩니다. 예를 들어 기존에 내 연구주제에 관한 논문들이 대부분 회귀분석 방식을 활용하고 있는데, 내 연구에서는 구조방정식 모형을 이용한다면 연구제목을 '구조방정식 모형을 활용한 독립변수와 종속변수의 관계 분석'과 같은 제목을 활용할 수 있겠네요. 혹은 부제를 이용해서 '독립변수와 종속변수의 관계에 관한 연구: 구조방정식 모형의 적용'과 같은 형태의 제목을 붙일 수도 있습니다.

이상의 내용이 충분히 이해가 되었다면 아래 몇 가지 연구모형을 보고 적절한 논문 제목을 구상하는 연습을 해봅시다.

〈연구모델 1〉

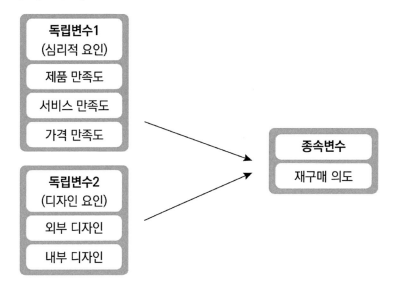

〈연구모델 2〉

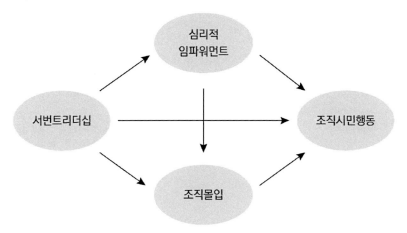

첫 번째 연구모형에 적절한 제목은 '심리적 요인과 디자인 요인이 소

비자의 재구매 의도에 미치는 영향에 관한 연구' 또는 '소비자 재구매

의도 영향요인에 관한 연구: 심리적 요인과 디자인요인의 비교분석을 중심으로' 정도가 되겠습니다. 두 번째 모형의 경우 '서번트 리더십이 조직시민행동에 미치는 영향: 심리적 임파워먼트와 조직몰입의 매개효과'라고 표현하면 적절한 제목이라고 할 수 있습니다. 여기에 덧붙여 특정 연구대상을 설정하여 'ㅇㅇㅇ 소비자의 재구매 의도', 'ㅇㅇㅇ의 조직시민행동' 등으로 구체화 해주면 더욱 좋은 제목이 됩니다. 연구모형만 보고서도 큰 망설임 없이 위와 유사한 여러 가지 제목들을 떠올릴 수 있다면 더 이상 연구제목을 어떻게 써야 하는지 고민할 필요가 없겠죠?

2. 논문 초록 작성 공식

모든 연구에는 연구 내용의 핵심을 축약한 초록이 첨부되어 있습니다. 초록은 다른 연구자들의 시간을 절약해 줄 뿐만 아니라, 내 연구가 더욱 주목받게 해주기 때문에 연구의 핵심을 한눈에 파악할 수 있도록 잘 작성하여야 합니다. 사실 논문의 초록을 작성하는 방식은 거의 정형화되어 있기 때문에 아래의 순서만 잘 기억한다면 어렵지 않게 작성할 수 있습니다.

일반적으로 양적 연구의 초록은 ① 연구의 목적 ② 연구의 방법과 대상 ③ 주요 연구결과 ④ 연구결과의 시사점 ⑤ 연구의 한계와 후속 연구 방향 순서로 작성됩니다. 연구의 종류와 목적에 따라 일부 내용이 추가되거나 빠질 수 있지만 위에서 언급한 다섯 가지는 가급적 간단하게라도 초록에서 언급이 되는 것이 좋습니다. 학술연구의 초록의 경우 500단어 이내, 1페이지 이내 등의 분량 제한이 엄격하기 때문에 위 다섯 가지 요소를 한 요소당 1~3문장 정도로 간략하게 제시해야 하며, 학위논문의 경우에서는 요소별로 한 문단 정도, 핵심인 연구결과의 경우 1~2문단 정도를 할애하여 작성할 수 있습니다. 실제로 초록에서 위의 요소들이 어떻게 표현되는 사례를 통해 살펴보겠습니다.

본 연구에서는 인사혁신처 「적극행정 운영지침」에서 지목한 적극행정의 제약 요인인 포상 경험, 적극행정 제도 수용성, 적극행정 법규의 모호성이 공무원의 적극행정 인식에 미치는 영향을 356명의 중앙부처 공무원을 대상으로 한 설문자료를 바탕으로 실증분석하였다. 또한, 이들 제약 요인과 적극행정의 관계를 조절하는 변수로 조직공정성을 설정하였다. **〈연구의 목적 + 연구의 방법과 대상〉** 먼저, 포상 경험은 적극행정 인식에 유의한 영향을 미치지 않았으며. 적극행정 제도의 수용성은 적극행정에 유의한 정적(+)영향을 가지는 것으로 나타났다. 다음으로, 적극행정 제도의 법규 모호성은 일부 모델에서 유의한 영향이 없는 것으로 나타났지만, 완전 모델에서는 적극행정에 유의한 정적(+)영향을 미치는 것으로 분석되었다. 한편, 조직공정성은 적극행정 수용성과 적극행정의 정적 영향관계를 강화하는 반면, 법규 모호성이 적극행정에 미치는 정적 영향은 약화시키는 것으로 분석되었다. **〈연구결과〉**

이와 같은 연구결과는 적극행정 활성화를 위해서 적극행정에 대한 수용성 확대와 조직공정성 제고가 필요하다는 점을 시사한다. **〈연구결과의 시사점〉** 본 연구는 적극행정의 영향요인을 학술적 변수에서 실제적·제도적 요인으로 확장하였다는 점에서 의의가 있지만, 후속 연구를 통해 연구모델의 한계 등을 보완해야 할 필요성 역시 존재한다. **〈연구의 한계와 보완점〉**

장재성·전설희. (2024), '적극행정의 제약 요인이 공무원의 적극행정 인식에 미치는 영향: 조직공정성의 조절효과를 중심으로' 中

위 사례의 초록에서 각 문장이 앞서 언급한 다섯 가지 요소 중 각각 어디에 해당하는지 표시해 보았습니다. 보시는 것처럼 각 요소가 1~3개의 문장으로 잘 축약되어 표현되어 있습니다. 다른 사례를 하나 더 살펴보겠습니다.

이 연구에서는 경찰 조직을 대상으로 갈등관리 방식이 조직공정성에 미치는 영향을 검증하고자 하였다. **〈연구의 목적〉** 이를 위해 총 427명의 전국 경찰관의 설문조사 결과를 통계적으로 분석하였다. **〈연구의 방법과 대상〉** 그 결과, 문제해결형 갈등관리 방식은 분배, 절차, 상호작용공정성 전반에 강한 긍정적 영향을 미치는 것으로 분석되었다. 반면, 양보회피형 갈등관리 방식과 통제주도형 갈등관리 방식은 분배, 절차, 상호작용공정성에 대부분 유의한 영향을 미치지 않는 것으로 분석되었으며, 세부분석에서 일부 p 0.05 수준의 유의한 정적 영향이 관찰

되긴 하였지만, 그 크기가 매우 미미한 것으로 분석되었다. **〈연구결과〉** 이와 같은 본 연구의 결과는 경찰에서 조직 내 갈등을 방치하거나 권위주의적으로 해결하는 등 갈등관리 전략을 개선하기보다는 갈등주체들에게 상호이익이 될 수 있는 방안을 도출하기 위해 적극적으로 중재하는 방식으로 갈등관리가 이루어지도록 유도하는 것이 조직공정성 개선에 더욱 효과적임을 시사한다. 본 연구에서는 이러한 연구결과를 바탕으로 조직 내 의견 수렴 등 의사소통 통로의 확보, 관리자 대상 갈등관리 기법 교육 등의 정책 대안과 갈등관리에 대한 실천성 있는 후속연구 등을 제안하였다. **〈연구결과의 시사점 + 후속연구 방향〉**

장재성. (2024), '갈등관리 방식이 경찰공무원의 조직공정성 인식에 미치는 영향' 中

위 사례의 경우 설문조사 연구에 일반적으로 적용되는 한계점 외에 특별한 한계점이 없기 때문에 초록에 연구의 한계점과 보완은 생략되었습니다. 정책적 시사점이나 연구의 한계 같은 경우 초록에서 '분석결과를 토대로 정책적 시사점을 도출하였으며, 연구의 한계에 대해 논의하였다' 정도로 언급하는 경우가 있는데, 가급적 어떤 정책적 시사점이 도출되었는지, 주의 깊게 논의된 한계점은 무엇인지 구체적으로 제시하는 것이 좋습니다. 정책적 시사점과 연구에 대한 한계는 거의 모든 논문에서 다루고 있기 때문에 굳이 이 논문에서도 다루고 있음을 밝힐 필요가 없을뿐더러, 위와 같이 작성한다면 초록만 봐서는 이 연구의 정책적 시사점이 무엇인지, 연구의 한계에는 어떤 것들이 있는지 전혀 파악할 수 없기 때문입니다.

3. 정리하기

이 책을 여기까지 꼼꼼히 읽은 독자들이라면 이제 논문을 어떻게 써야 하는지 감이 생겼을 것이라 확신합니다. 책을 덮기에 앞서 이 책에서 가장 강조하는 논문작성의 핵심 원리와 공식을 다시 한번 확인해 보시기 바랍니다.

가장 먼저 필자가 강조하고 싶은 것은 "연구주제와 목적을 너무 거창하게 설정하지 말자"입니다. 서두에서 말한 것처럼 초보 연구자가 아직 선행연구도 제대로 확립되지 않은 분야를 연구하겠다고 고집하거나, 나아가 아예 새로운 영역을 개척하겠다고 하는 것은 이제 막 한글을 배우고 있는 아이가 뜬금없이 베스트셀러 작품을 쓰겠다는 것과 같은 무모한 행위입니다. 제가 대학원에 와서 들었던 말 중 가장 공감한 말은 "가장 좋은 논문은 통과된 논문이다"라는 말입니다. 아무리 훌륭한 주제를 가진 논문도 이를 검증할 적합한 연구방법이 없거나, 비논리적으로 허황되게 작성된다면 심사단계를 통과하지 못할 가능성이 매우 크고, 심사과정에서 좌초된다면 세상에 나올 수 없기 때문에 아무짝에도 쓸모가 없습니다. 필자가 제안한 것처럼 연구의 대상이나, 변수 간 관계 정도에서 차별화 포인트를 가진 현실적 주제를 발굴해서 공식대로 충실하게 논문을 작성하여 우선 학위를 성공적으로 받으시길 권합니다. 그리고 연구자로서 성숙된 다음 천천히 고난이도 연구에 도전하는 것이 바른 순서입니다. 그럼에도 불구하고 자꾸 욕심이 날 때는 다음의 주문(?)을 한번 따라해 보세요. "가장 훌륭한 논문은 통과된 논문이다. 통과될 수 있는 논문을 쓰자"

두 번째로 하고 싶은 이야기는 이 책의 곳곳에 남겨 둔 "선행연구를 열심히 읽으세요"입니다. 선행연구는 한마디로 망망대해를 항해하는 연구자를 위한 등대라 할 수 있습니다. 선행연구의 중요성을 간과하는 초보 연구자는 반드시 표류하게 되어 있습니다. 이미 여러 차례 강조하였지만, 주제 발굴 단계부터 선행연구를 열심히 탐독하여야 연구의 필요성과 차별성이 인정되는 주제를 발굴할 수 있으며, 선행연구에 대한 충실한 이해가 선행되어야 논리적 결함이 없는 이론적 배경을 작성할 수 있습니다. 마찬가지로 선행연구를 통해 유사한 주제와 목적을 가진 연구들이 어떤 연구방법론을 선택했는지 학습해야 방법론 선택에서의 오류를 최소화할 수 있고, 선행연구에 대한 연구자의 지식이 어느 정도인가에 따라 논의와 결론의 완성도가 결정됩니다. 이렇게 논문의 시작이자 완성이 선행연구에 달려 있는데, 이래도 선행연구를 안 읽으실 건가요?

세 번째, 이 책의 독자들이 통계기법에 너무 집착하지 않았으면 합니다. 아무래도 통계가 초보 연구자에게는 가장 생소한 영역이다보니, 마치 통계방법만 이해하면 금방 논문을 쓸 수 있을 수 있을 것이라 착각하는 경우가 있습니다. 하지만 앞서 여러 차례 강조하였듯이 통계란 양적 논문의 기초이자 약속으로 오류만 없으면 충분하기 때문에 대부분의 논문에서 유사하게 서술됩니다. 오히려 연구의 필요성이 큰 주제를 선정하였는지, 이 주제와 관련된 이론적 배경을 잘 구성하였는지, 논의 파트에서 창의적인 해석으로 시사점을 잘 도출했는지가 훨씬 중요하며 이 작업들이 내 논문의 질이 결정한다고 해도 과언이 아닙니다. 통계는 기본적인 개념만 숙지하고 있다면 실제 분석을 수행할 때 지도교수님이나 주변에 통계 잘하는 친구(대학원마다 한 명씩은 꼭 있습니다)에게 도움을 받을 수 있습니다. 따라서, 통계기법 공부에 너무 많은 시간을 할애하기보다는 선행연구를 꼼꼼히 학습해서 좋은 연구주제와 연구모형, 논의 포인트 발굴에 주력하는 것이 더 효율적입니다. 특히, 기본적인 회귀분석이나 구조방정식 모형의 개념도 정확하게 학습되지 않은 상태에서 있어 보인다(?)는 이유로 이름도 생소한 통계기법에 집착하는 사람들이 있습니다. 더 심하게는 회귀분석 같은 일반적 통계기법을 사용한 연구는 가치가 없는 것으로 폄훼하면서 패널 분석, 머신 러닝이나 딥 러닝과 같은 통계기법을 사용해야 훌륭한 논문이라고 주장하기도 합니다. 필자가 생각하기에 통계기법 간에는 우열이 없으며, 나의 연구주제와 목적, 그리고 데이터 특성에 가장 적합한 방법을 활용하여 적절한 결과를 도출한 것이 가장 훌륭한 통계분석입니다. 일반적으로 국내에서는 개인 연구자가 고급통계분석에 적합한 시계열 데이터나 빅데이터를 수집하는 것 자체가 어렵습니다. 이런저런 비판에도 불구하고 왜 아직도 국내 양적 논문의 대부분이 설문 데이터에 의존하고 있는지를 생각해 보시기 바랍니다. 1회 설문조사로 수집된 수백 개 샘플 수준의 데이터를 분석하는 데는 그렇게 고급진(?) 통계분석 방법이 필요하지 않습니다.

마지막으로 이 책에서 제안하는 논문작성 공식의 핵심인 5위 일체에 대해서 한 번 더 강조하고 싶습니다. 이 책에서는 양적 논문의 일반적 구성 방식이 5단 구성, 즉 '제1장 서론 → 제2장 이론적 배경 → 제3장 연구설계 → 제4장 분석결과 → 제5장 논의 및 결론'을 제시하였습니다. 그리고 각 장의 핵심요소는 '연구의 필요성(제1장 서론) → 이론 및 선행연구의 경향과 흐름(제2장 이론적 배경) → 적절한 통계분석 방법(제3장 연구설계) → 통계분석의 결과(제4장 분석결과) → 연구의 기여도와 시사점(제5장 논의 및 결론)'이라고 설명했습니다. 나아가, 각 장의 핵심요소들이 연구자가 강조하며 주장하고자 하는 바와 유기적 관련성을 가지고 일관적으로 표현되는 것을 '5위 일체'로 정의하고, 이것이 논리적이고 체계적인 논문작성 공식의 핵심이라고 강조하였습니다. 초보연구자는 논문을 작성할 때 항상 이 5위 일체가 이루어지고 있는지를 염두에 두어야 합니다. 통계분석까지 수행한 뒤에 구체적으로 논문을 작성하기에 앞서 어떻게 5위 일체를 구현할지 고민해 보시기 바랍니다. 세부적인 실행 방법으로 5위 일체의 요소들을 하나의 문단으로 먼저 정리해보는 방법을 추천합니다. "이 연구는 ○○○의 점에서 기존 연구와 차별화된다(연구의 필요성). 연구주제와 관련된 선행연구의 ○○○한 경향은 연구의 필요성을 지지해 준다(선행연구의 경향). 이 연구에서는 연구주제와 데이터 특성을 고려하여 ○○○ 통계분석 방법을 선정하였으며, 통계분석 결과는 ○○○과 같다(통계분석 방법과 결과). 이러한 통계분석 결과는 ○○○라는 점에서 이론적·실천적 기여가 인정된다(연구의 기여와 시사점)." 이렇게 연구 내용의 핵심을 하나의 문단으로 축약하였을 때 각 문장이 상호유기적으로 연결되면서 내가 주장하고자 하는 연구주제가 잘 드러나는지 확인 후, 여기에 구체적인 살을 붙여나가는 방식으로 논문을 작성한다면 일관적이고 논리적인 논문을 작성할 수 있을 것입니다. 같은 방법으로 논문을 작성한 뒤에 각 장의 핵심요소를 한 문장으로 축약해서 연결해 보는 방식을 활용하여 사후적으로 논문의 일관성과 논리성을 확인해 보는 것도 가능합니다. 논문 전체를 5위 일체요소로 구성된 하나의 문단으로 잘 압축할 수 없거나, 압축은 하였지만 문단 수준에서도 앞뒤의 연결이 매끄럽지 않다면 그 논문은 이미 논리적인 논문이라고 보기 어렵습니다. 자신의 논문을 5위 일체의 원칙에 따라 핵심적인 몇 개의 문장으로 정리하여 명확하게 설명할 수 있을 때, 여러분의 논리적인 논문작성 역량이 완성되는 것입니다.

저자소개

장재성 / 계명대학교 경찰행정학과 조교수

경찰대학 행정학과를 졸업하였으며, 동 대학원에서 행정학 석사를, 고려대학교에서 행정전문대학원에서 행정학 박사학위를 취득하였다.

석박사 재학 5년 동안 SSCI 4편, KCI 21편 등 총 25편의 논문을 발표하였다.

경찰대학 경찰학과 교수로 3년간 재직하였으며, 현재 계명대학교 경찰행정학과 교수로 재직 중이다.

초보 연구자를 위한 논문작성 규칙

초판발행   2025년 3월 25일

지은이   장재성
펴낸이   안종만 · 안상준

편 집   소다인
기획/마케팅   정연환
표지디자인   BEN STORY
제 작   고철민 · 김원표

펴낸곳   (주) 박영사
            서울특별시 금천구 가산디지털2로 53, 210호(가산동, 한라시그마밸리)
            등록 1959. 3. 11. 제300-1959-1호(倫)
전 화   02)733-6771
f a x   02)736-4818
e-mail   pys@pybook.co.kr
homepage   www.pybook.co.kr
ISBN   979-11-303-2161-5 93700

정 가   17,000원